THE WIZARD'S MANUSCRIPT

THE WIZARD'S MANUSCRIPT

PEDRO LARREA

TRANSLATION BY BENJAMIN ELDON STEVENS

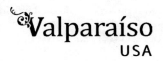
USA

Number 17 in the Valparaíso Poetry Collection
Directed by Gordon E. McNeer

Cover Design: Laura Agustí

First Edition: November 2017

© For the Spanish text: Pedro Larrea
© For the English text: Benjamin Eldon Stevens

© Valparaíso Editions USA, LLC
POB 1729. Clayton, GA 30525 USA
www.valparaisoeditions.us

ISBN: 978-0-9988982-7-8

Printed in the United States of America

All rights reserved. No part of this book may be reproduced in any form or by any electronic or mechanical means, including information storage and retrieval systems, without permission in writing from the publisher, except by a reviewer, who may quote brief passages in a review. Scanning, uploading, and electronic distribution of this book or the facilitation of such without the permission of the publisher is prohibited. Please purchase only authorized electronic editions, and do not participate in or encourage electronic piracy of copyrighted materials. Your support of the author's rights is appreciated. Any member of an educational institution wishing to photocopy part or all of the work for classroom use or in an anthology should send inquiries to:

Valparaíso USA, POB 1729, Clayton, GA 30525 USA

For Holly Tawil

Se me han acabado las cinco monedas que recogí en el parque
  del insomnio
tras la muerte de mi corazón.
La primera la gasté en un traje que se me rasgó al doblar
  aquella esquina en el infierno.
La segunda la perdí mientras seguía el curso implacable
  de la constelación de Libra.
La tercera se la negué a un mendigo. Yo creía que el vino
  era superfluo en días glaciales
y la malgasté comprando una violeta que nadie me aceptó.
La cuarta la arrojé a la alcantarilla en que solía detenerme
  a recordar
que ya no puedo recordar aquellas manzanas azules
  de las islas afortunadas.

Pero la quinta moneda, quizá perdida también,
  sirvió al menos para comprar
este viejo volumen de hechizos
en que espero aprender el conjuro del pan antes de morirme
  de hambre y de vergüenza.

I have spent the five coins that I gathered in the park
    of insomnia
after the death of my heart.
The first I spent on a suit that I tore upon turning
    that corner in hell.
The second I lost while following the implacable course
    of the constellation Libra.
The third I refused to a beggar. I believed that wine
    was superfluous on glacial days
and I misspent it buying a violet that nobody accepted from me.
The fourth I threw in the sewer where I used to spend
    time remembering
that already I cannot remember those blue
    apples from the islands of the blessed.

But the fifth coin, perhaps lost as well,
    served at least to buy
this old volume of spells
from which I hope to learn how to conjure bread before I die
    from hunger and from shame.

1

Vengo de una ciudad
donde se mojan los cruasanes en el agua de los charcos.
Allí se juega a la ruleta inca
y se trizan los deseos con la sombra de un alfanje.
Allí quedan los que no quedan
por venir, con sus ineficaces sortilegios
    de otra edad más clara.

Vengo de donde viene el pescador
que llora en la lonja por lo que ya era suyo.
Viniera de otra parte,
    y no me conocierais
más que por estas botas que calzan los estibadores.
En el lugar del que vengo las redes se tejen con topacios
porque se come de lo que cae prisionero en ellas
    y eso es honorable.

Leo aquí los periódicos que no llegan a la ciudad
    de donde vengo
y me doy cuenta de lo cerca que se vive de no existir.
Compro carnes que son nuevas para mi paladar
y descubro que nunca estuve tan a punto de morir
    de inanición.
Vengo aquí y no acabo de comprender por qué hay
    que comprender
lo que no se conoce, en lugar de volver adonde
    se puede hablar sin miedo.

1

I come from a city
where they dip croissants in puddle water.
There people play at Incan roulette
and shred desires with the shadow of a scimitar.
There await those who are not waiting
to come, with their ineffectual fortune-tellings
    from another, clearer age.

I come from the same place as the fisherman
who cries in the market for what was already his.
I could come from somewhere else,
    and you would not recognize me
better than by these boots, which the longeshoremen wear.
In the place I come from, nets are woven with topaz,
because one eats what falls prisoner to them,
    and that is honorable.

Here I read newspapers that do not reach the city
    I come from
and I realize how close we all live to non-existence.
I buy meats that are new to my palate
and I discover that I was never so near to dying
    from starvation.
I come here and I cannot understand why one must
    understand
what is not known, instead of returning to where one
    may talk without fear.

Vengo de aquella ciudad y he olvidado la brújula
    junto a la llama.
Vengo de aquella ciudad
    y no recuerdo por dónde vine.
Vengo de la ciudad donde se mojan los cruasanes
    en el agua de los charcos
porque se ponen tiernos con el agua dulce
y porque en aquella ciudad el cangrejo merece,
como en la astrología, sacerdotisas, templos y futuro.

I come from that city and I have forgotten my compass
    by the flame.
I come from that city
    and I do not remember the way I came.
I come from the city where they dip their croissants
    in puddle water,
because they become tender in the sweet water
and because in that city the crab is worthy
—as in astrology—of priestesses, temples, and future.

2

Al despertar escucho el trueno humeante de las fábricas
y soy incapaz de mojarme los labios en el café.
De la manera en que una abeja se lleva el néctar
así siento mi culpa en un paisaje con pelícanos de plomo.
Llegan los músicos y se ennegrecen sus mandolinas
que ya no suenan porque el rayo ha partido sus mástiles.

Paso el día observando la destrucción del oxígeno
y escucho el traqueteo de cien mil osamentas
que por simulacro de necesidad resquebrajan
la esfera que nos da de vivir y enflaquece.
Se ha vuelto una costumbre dormir con la cabeza
apoyada en un rifle para pájaros de vuelo alto.

Pero alguien fabrica cigarras con dos hebras de azafrán,
alguien puede extraer el cobre sin deshuesar la piedra,
alguien anestesia a la encina antes de recoger sus bellotas,
alguien organiza todo un funeral por el muñón rojo
    de las vides.
Sí, alguien sabe que se puede revocar la electricidad
con sólo frotar dos ramas de cualquier árbol enfermizo.

Hace tiempo que salí a buscar a esa persona,
y sé que se esconde y sé por qué la persigo.
Mañana despertaré otra vez frente a las fábricas
y no la habré encontrado. Pero persevero
porque sé que existe: es de mi ciudad,
sus huellas tienen la forma del ozono.

2

On waking, I hear the smoky thunder of the factories
and I am unable to wet my lips with coffee.
The way that a bee carries off its nectar:
thus I feel my guilt in a countryside of leaden pelicans.
The musicians arrive, and their mandolins are blackened,
sounding no more because lightning has broken their necks.

I spend the day observing the destruction of oxygen
and I listen to the rattling of a hundred thousand skeletons
which, in simulation of necessity, are cracking
the sphere that lets us live and grows thin.
It has become my habit to sleep with my head
propped up on a rifle meant for high-flying birds.

But someone manufactures cicadas with two threads of saffron,
someone can extract copper without first removing the stone,
someone anesthetizes the oak ahead of gathering its acorns,
someone organizes a funeral for the red stump
    of the vines.
Yes, someone knows that one can reverse electricity
just rubbing two branches together from any sickly tree.

Some time ago I set out to seek that person,
and I know that she is hiding and I know why I pursue her.
Tomorrow I will wake once more facing the factories
and I will not have found her. But I persevere,
because I know that she exists: she is from my city,
her traces take the shape of ozone.

3

No deberían arder las ciudades
sino los hornos de pan y las farolas,
el combustible de los repartidores de gardenias
y las baldosas naranjas del paseo con sol reciente.

No deberían arder las ciudades
porque una ciudad es una cebra fogosa,
una ofrenda necesaria de sombra y luz
para aplacar la mandíbula del león humano.

No deberían arder las ciudades,
ni la que tiene piscina de leche para baño de unicornios
ni la poblada por escorpiones y tentáculos
    que los devorarían.
No deberían arder ni la torre ni la madriguera.

Deberían arder la muerte y su geometría.
Debería moldearse un cuerpo nuevo que recordara
    por sí mismo
cómo llegar al pantano en que se oculta la salamandra
    de la respiración.
Deberían arder las corazas. Deberían arder los rectángulos.

Pero no deberían arder las ciudades.

3

The cities should not burn—
burn instead the bread ovens and streetlights,
the fuel used by gardenia delivery-men,
and the tiles underfoot, orange in the morning sun.

The cities should not burn,
because a city is a high-spirited zebra,
an offering of shadow and light necessary
to placate the jaws of the lion, humankind.

The cities should not burn,
neither the one with a pool of milk—for bathing unicorns—
nor the one populated by scorpions and tentacles that
    would devour them.
Neither the tower nor the warren should burn.

Death should burn, along with its geometry.
A body should be newly molded to remember,
    all on its own,
how to reach the marsh that hides the salamander
    of breathing.
Armor should burn. Rectangles should burn.

But the cities should not burn.

4

Yo vendía relojes de arena en un modesto bazar
hasta que abandoné la medina, fui ambicioso
y quise tener entre las manos lo que un cristal
   convierte en horas.
Tras el último oasis, donde no llega el turista,
me apegué a una caravana que viajaba en plenilunio.
Al caer tres veces el sol, olvidé mi nombre.

No sé qué me espera tras las dunas,
esas despiadadas máscaras del tiempo.
No sé si existe algo al otro lado del espejismo
o si no me espera nada si yo no lo creo
o si creando o creyendo disminuyo
las posibilidades de sobrevivir.

Es pronto aún. Mis compañeros duermen.
Aunque me tienen a examen, sé que falta poco
para que me acepten en la hilera. Así mereceré
un puesto en el consejo y una cabalgadura propia,
y tendré derecho a un nuevo nombre,
que dibujarán con mirra en mi frente y que humilde
   aceptaré.

No flaquearán los dromedarios
cuando vuelvan a beber en el manantial
   de la Región Libre.
Por ser uno de sus jinetes he cumplido las tres reglas:

4

I once sold hourglasses in a modest bazaar
until I abandoned the medina, became ambitious,
and wanted to hold in my hands what a crystal
    changes into hours.
Beyond the last oasis, where the tourists do not go,
I joined a caravan that traveled by the full moon.
Upon the third setting of the sun, I forgot my name.

I do not know what waits for me beyond the dunes,
those pitiless masks of time.
I do not know if anything exists on the other side of the mirage,
or if nothing awaits me if I do not believe in its creation,
or if in creating or believing I diminish
the possibilities of survival.

It is early still. My companions are sleeping.
Although they are testing me, I know it won't be long
before they take me into their ranks. I will be worthy of
a place on the council and a mount of my own,
and I will have the right to a new name,
which they will draw in myrrh on my forehead—
    and I will accept in all humility.

The camels will not weaken
when they return to drink in the stream
    of the Free Territory.
To be one of their riders I have followed the three rules:

he dejado atrás la tentación del pozo,
he dormido bajo una palmera roja,
he planeado mi viaje sobre la doble grupa
 del sueño.

I have left behind the temptation of the well;
I have slept beneath a red date-palm tree;
I have planned my journey on the doubled hindquarters
 of a dream.

5

Soy más viejo que mi cuerpo
como el cedro es más viejo que sus hojas actuales.
Hiberno como el cedro, y despierto cuando la batuta
    de las horas
golpea el atril del espacio.
    Por mí han pasado corcheas
como por el cedro macillos de colibríes.
Soy el que fui con la corteza de lo que seré
    sin estrenar.

Soy más joven que mi espíritu.
Mi casa es un cráter que creó una roca de otro mundo
antes del invierno nuclear y de la primera glaciación.
No comprendo que ninguna pirámide sea más antigua
    que el más joven de mis olivos,
ni entiendo la trompeta frigia y el arpa persa que a veces
    toco por intuición.
Me confunde ser testigo del nacimiento de una galaxia.

Cómo puedo ser viejo cuando soy joven y joven
    cuando soy viejo.
Cómo puede no existir una edad única
    que me dé sentido,
que justifique mi presencia en el pasado y el presente
y que imponga paz al bramido bélico del estar siendo
    y del ser estando.
Cuándo poseeré un rostro definitivo
    para todos los espejos.

5

I am older than my body,
just as the cedar is older than any of its current leaves.
I hibernate like the cedar, and I wake when the baton
    of the hours
strikes the music-stand of space.
    Through me have passed quavers,
just as, through the cedar, little hammerings of hummingbirds.
I am what-I-have-been, with the bark of what-I-will-be,
    without any first time.

I am younger than my spirit.
My house is a crater created by a rock not of this world
before the nuclear winter and the first glaciation.
I do not comprehend how any pyramid is older
    than the youngest of my olive trees,
nor understand the Phrygian trumpet or the Persian harp,
    which I play, sometimes, by intuition.
I am confused at being witness to the birth of a galaxy.

How can I be old when I am young and young
    when I am old.
How can there not exist an age, unique,
    that gives me purpose,
that justifies my presence in the past and in the present,
and that imposes peace upon the warlike roaring of sensate
    being and existing.
When will I have a definitive face
    for every mirror.

Cuándo podré decir *este soy yo*
   sin equivocarme demasiado.
Soy joven pero conozco los secretos de la cartografía.
Soy viejo pero tengo agilidad para boxear
   contra mí mismo.
Soy lo que falta antes de ser y lo que queda después
   de estar.
A quién odiaré más que al palimpsesto de mi carne.
A quién tendré por cómplice en el soborno de mi espíritu.
A quién daré los labios de quien me habita sucesivamente
   en soledad.

When will I be able to say *I am this*
    without being too mistaken.
I am young but familiar with the secrets of cartography.
I am old but have the agility to box
    against myself.
I am what is missing before being and what stays after
    existing.
Whom will I hate more than the palimpsest of my flesh.
Whom will I have abet me in the bribery of my spirit.
Whom will I touch with the lips of whoever inhabits me
    successively in solitude.

6

Que la ropa de los desnudados esquíe un tango ilícito.
Que llames por teléfono y te conteste un triceratops.
Que un triceratops pueda llamarte por teléfono
    y hablarte.
Que las tonterías que digo no caigan
    en boca rota.
Que la ropa de los desnudados esquíe un tango ilícito
y que sea yo uno de los elegidos para la desnudez.

Insisto en apilar manzanas oscuras contra tu estómago
y en practicar el pisotón del vodka en mi garganta.
A veces hablo de dinosaurios cuando duermo contigo
y me resisto a aceptar la suerte que croa en los cubiletes.
No sé por qué me conozco mejor cuando estás desnuda
ni por qué me dejo siempre una copa sin beber
    sobre tu córnea.

Déjame huir de ti contigo, sin tu recuerdo
    pero en tu presencia,
sin hacerte el amor pero habitándote, dejándome
    a un lado: al tuyo.
Déjame ponerle al día tu rostro y enjaularlo
para dormir con esa imagen clavándose en mis sienes.
Enséñame a empuñar la bayoneta nocturna y necesaria
para sobrevivir en la trinchera embarrada de tus poros.

Ayúdame a descubrir el antídoto contra la picadura
    del sueño.

6

May the clothing of the naked ski an illicit tango.
May you make a phone call and be answered by a triceratops.
May a triceratops be able to call you on the phone
    and talk with you.
May the nonsense I speak not crash
    my mouth's stock-market value.
May the clothing of the naked ski an illicit tango,
and may I be one of those chosen for nakedness.

I insist on stacking dark apples against your stomach
and practicing stomping vodka in my throat.
Sometimes I talk about dinosaurs when I sleep with you
and resist accepting the luck that croaks in the dice cups.
I don't know why I know myself more when you are naked
or why I always leave a drink undrunk
    upon your cornea.

Let me flee from you with you, without your memory
    but in your presence,
without making love but inhabiting you, leaving myself
    to one side: yours.
Let me give your face to the day and cage it,
to sleep with that image nailing itself into my temples.
Teach me to take up the bayonet of the night, necessary
for surviving in the muddy trench of your pores.

Help me discover the antidote
    to the dream's sting.

Ayúdame a descifrar en los mapas salvajes
el camino más corto para tu sonrisa sin lucha.
Por tus grandes avenidas distingo la huella
   de mis ancestros.
Vengo a pasear por la civilización de tus palabras
y a buscar la casa azul donde una vez perdiste
   esta cuchara.

Help me decipher the wild maps showing
the shortest path towards your smile without a fight.
Along your broad avenues I discern the trace
    of my ancestors.
I am coming to walk in the civilization of your words
and to seek the blue house where, once, you lost
    this spoon.

7

No te pinches al leer la palabra cactus.
No te ahogues al oír la palabra trasatlántico.
No temas al tocar
    la palabra anguila
ni pienses en otra edad al escuchar
    la palabra tintero.
Todo lo que pasa por ti lo llevabas
    ya contigo
y lo nuevo es una sombra de lo viejo, pero es tuyo.

No pueden quitarte lo que no tienes y está en ti,
no saben lo que tú sabes ignorándolo todo.
Quieres llegar a más, cruzar puentes, volar a un planeta,
y no te das cuenta de que la formación de los cuásares
tiene lugar en la más mínima de tus arterias,
o quizá en tu corazón tan sensible al fuego.

Hay parábolas con que los matemáticos explican el picor
y fórmulas que resultan en la consistencia
    de la piel humana.
Hay quien crea y quien destruye con sólo seguir
    los gráficos.
No es información lo que llevas en el puño
sino una herramienta ante la cual las coordenadas
    importan menos
que el hueso de las aceitunas en la anatomía.

No sabría decirte, y sin embargo comparto contigo
    esa posesión.

7

Do not prick yourself when reading the word 'cactus.'
Do not drown when hearing the word 'transatlantic.'
Do not be afraid when touching
    the word 'eel'
and do not think of another age when hearing
    the word 'inkwell.'
All that happens through you, you were already
    carrying with you,
and what is new is a shadow of what is old, but it is yours.

They cannot steal from you what you do not hold inside you,
they do not know what you know by ignoring it entirely.
You want to go on, cross bridges, fly to another planet,
and you do not realize that the formation of quasars
is taking place in the smallest of your arteries,
or perhaps in your heart, so sensitive to fire.

There are parabolas mathematicians use to explain an itch
and formulas that describe the consistency
    of human skin.
There are people who create or destroy just following
    graphics.
It is not information that you carry in your fist
but a tool before which the coordinates
    matter less
than olive pits do in anatomy.

I wouldn't know how to tell you, and yet I share with you
    that possession.

Te la puedo explicar tocando la ocarina o dibujando
   un mamut en la arena.
Puedes entenderla escuchando la quietud de un iceberg
o sintiendo en los pies el bamboleo de las placas
   terrestres.
Hay distintos puntos de vista, pero es mejor
   que no preguntes a nadie
y que dejes de leer estas inconsecuencias de quien
   te comprende y arde todavía.

I can explain it by playing the ocarina or by drawing
    a mammoth in the sand.
You can understand it by listening to the stillness of an iceberg
or feeling in your feet the wobble
    of tectonic plates.
There are different points of view, but it is better
    that you ask no one
and stop reading these absurdities from one who
    understands you and still burns.

8

Tengo los músculos dálmatas
porque aprendí de los perros que la piel es crucial
como la bombona del buceador para proteger
las especies rojizas que dan color al arrecife.

Tengo los músculos ajedreces.
Repito jugadas de poca astucia por ver
si es cierto que el caballo mueve de casilla
a casilla poniendo en peligro su belfo.

Tengo los músculos abejas.
Cuando me llega la lluvia por los tobillos
el oso polar de mis huesos se come el tarro de miel
por el que suda la esposa del apicultor.

Tengo los músculos cebras.
A veces mi cuerpo es un safari sin balas, una manera
de zoología sin barrotes. Otras veces soy,
    y no lo sé,
una bestia que engulle avispas y es vulnerable al ajedrez.

8

I have dalmatian muscles
because I learned from dogs that the skin is crucial,
just as a diver's oxygen-tank is for protecting
the reddish species that give their color to the reef.

I have chess muscles.
I repeat moves of little cleverness to see
if it is certain that the knight moves from square
to square, placing its thick lips in danger.

I have bee muscles.
When the rain reaches up to my ankles
the polar bear of my bones eats up the jar of honey
over which the beekeeper's wife has sweated.

I have zebra muscles.
Sometimes my body is a safari without bullets, a kind
of zoology without bars. Other times I am,
    and I do not know it,
a beast that swallows wasps and is able to be harmed by chess.

9

Habrá muerto el último puma y toda su botánica
y huiremos en la falsa fragata de la inocencia.
Cuando desaparece una especie es porque el hombre
la transforma en especia y la vende a las cocinas
    de los museos.
Es la moral entonces una gastronomía de alto copete
y las dudas leves calambres en la boca del estómago.

Habrá muerto el último puma cuando estemos
    disfrutando del amor.
Entonces nadie recordará lo que es un felino
y las garras y demás detalles pasarán a ser palabras
    de carnalidad
para cumplimentarte y alimentar tu admiración.
Una osamenta sagrada habrá quedado reducida
al polvo que esnifa el torpe buscador de sinónimos.

Habrá muerto el último puma porque tenía que nacer
    el nuevo hombre.
Esto dirán las esquelas de los mamíferos supervivientes.
Habrá muerto el último puma porque no había
    qué darle de comer.
Habrá muerto el último puma porque su hábitat
    desaparecía.
Habrá muerto el último puma porque estaba escrito.
Habrá muerto el último puma porque sí.

9

The last puma will have died, along with all its botany,
and we will flee on the false frigate of innocence.
When a species disappears, it is because man
transforms it into a spice and sells it
    to museums' kitchens.
Morality is therefore a snobbish gastronomy,
and doubts are small cramps in the mouth of the stomach.

The last puma will have died while we are
    enjoying love.
Then no one will remember what a feline is,
and claws and other details will become words
    of carnality
to compliment you and to feed your admiration.
A sacred skeleton will have been reduced
to the dust sniffed by the clumsy searcher for synonyms.

The last puma will have died because
    the new man needed to be born.
This is what the surviving mammals' eulogies will say.
The last puma will have died because there was nothing
    to give it to eat.
The last puma will have died because its habitat
    disappeared.
The last puma will have died because it was written.
The last puma will have died because yes.

Pero si un día a nuestros hijos les crecieran
    demasiado los colmillos
y su piel se recubriese de una pelambrera color sol hosco
que no se asuste nadie. La evolución estará tomando
    la revancha,
empezaremos a beber con la lengua en tazones de leche
y no nos sorprenderá sentir miedo entre fieras
    más nobles.
Habrá nacido el último hombre.

But if one day our children find their canines
    growing long
and their skin coated with hair the color of daylight gloom,
let no one be frightened. At that point evolution will be
    taking its revenge,
we will start to drink with our tongues in saucers of milk,
and we will feel an unsurprising fear among
    nobler animals.
The last man will have been born.

10

Ser rehén de la noche no puede ensayarse
a pesar de tanto barril en cuyo torso retumba
la resaca del cazador que perdió el tiro.
Hubiera torpedeado diez dianas por segundo
si tuviese un combustible duro y añejo
de cuando relucían los gasómetros
    sobre las capotas.

Otros placeres que no pueden ensayarse:
tener concubina que no hable tu idioma
    pero sí tu lengua;
desabrocharse la corteza para verter savia como la baba
    un niño en carrusel;
trompetear hasta la madrugada de los vecinos
    sin ciudadanía evidente;
no saber qué es el exilio hasta que no se llega;
    dejarse la garganta
en la balada que compuso otro pero igualmente
    en tu garganta.

Ahora sí, se ensaya: la pimienta del estornudo;
saber ahogarse bien con flotador y con desdoro;
distinguir la menta de la clorofila y seguir vivo;
entregarse a la línea roja del anticiclón;
abrocharse la cremallera azul de la borrasca;
ponerlo todo en un almacén sin temperatura.

10

Being hostage to the night cannot be rehearsed
in spite of the giant barrel in whose torso rumbles
the hangover of the hunter who missed his shot.
I would have torpedoed ten bullseyes every second
if there were a fuel, strong and aged,
from the days when gas-pumps glittered
    in convertibles' hoods.

Other pleasures that cannot be rehearsed:
having a concubine who doesn't speak your language
    but speaks your tongue;
unbuttoning bark to pour out sap, like a child
    on a carousel drooling;
playing the trumpet until your neighbors' dawn
    without any obvious civility;
not knowing what exile is until you arrive;
    giving your throat
to a ballad composed by another but, all the same,
    in your throat.

Now indeed, there is rehearsal: the pepper for the sneeze;
knowing how to drown well with life preserver and disgrace;
distinguishing mint from chlorophyll and staying alive;
surrendering to the red line of the anticyclone;
drawing up the blue zipper of the storm;
putting it all in a warehouse without temperature.

Pero ser rehén de la noche es una cortadura sin cicatriz
como el arroz cuando hierve y le falta agua
y ningún bombero sabe interpretar tal vapor.
Ser rehén de la noche. No es fácil enjaular lo que enjaula,
sobrevivir para dictar las instrucciones de uso
y saber dejar después un espacio para las lilas.

But being hostage to the night is a cut that leaves no scar,
like when you're boiling rice and there isn't enough water
and no firefighter knows what to make of such steam.
Being hostage to the night. It is not easy caging what cages,
surviving to dictate instructions for use
and knowing how to leave—later—a space for the lilacs.

11

Quien habla de moléculas no sabe que el jengibre
comete torcedura en las papilas. Una lengua es suficiente
mente mínima para trazar lo vulnerable de su cuerpo.
Quien porta tenazas no conoce
    las uñas derruidas
de todos los que arañan la corteza de un ser verde.
Habría que morir para saber y entonces no saber
    para vivir.

Yo sé. Sé que con una tuerca se alimentan mil familias
y que tronzar una garganta es común como un periódico.
Yo no sé. No sé con cuánto trigo bastaría
ni si respirar será la cura de la depredación.
Entre saber y no saber hay más
    que una disculpa
y sobrevivir depende de la palabra posterior al hambre.

De igual manera hay quien puede conformarse
con las cáscaras de la pereza de los otros.
El estómago es cerebro al elegir entre
    la piel y la pulpa
aunque no siempre sabe distinguir lo que sacia
    de saciarse.
Algunas veces sé vivir mis días más allá
    del apetito.
Otras no sé si vivo o si mis días forman parte
    de un menú.

11

Anyone who speaks of molecules doesn't know that ginger
makes the taste buds twist. A tongue is sufficient,
mind minimized, to trace the vulnerability of its body.
Anyone who carries pliers isn't familiar
    with the demolished nails
of everyone who scratches at the rind of a green being.
One would need to die in order to know and therefore
    not to know in order to live.

I know. I know that a nut can feed a thousand families
and that slitting a throat is just as common as a newspaper.
I don't know. I don't know how much wheat would be enough
or if breathing will be the cure for depredation.
Between knowing and not knowing there is more
    than an apology,
and surviving depends on the word that follows hunger.

In the same way, there is someone who can conform
to the husks of the laziness of others.
The stomach is a brain when deciding between
    the peel and the pulp
despite not always knowing how to distinguish satisfaction
    from saturation.
Sometimes I know how to live my days farther away
    from appetite.
Other times I don't know if I am alive or if my days belong
    on a menu.

Usaré la servilleta a modo de consuelo,
los cubiertos como defensa del paladar
y el cuchillo del pan para sobornar barrigas.
Voy a comer. Atrincherado en mi mantel granate
sabré decir que sí al postre y su injusticia
y la boca, con todos sus dientes,
    confundirá la inocencia y la culpa.

I will use my napkin by way of consolation,
the silverware as a defense for my palate,
and the bread knife for bribing bellies.
I am going to eat. Entrenched in my garnet table-cloth
I will know how to say yes to dessert and its injustice,
and the mouth, with all its teeth,
    will confuse innocence and guilt.

12

Peligran los dedos al filo de un saxofón,
abren mercados de especias,
cierran cárceles, lavabos públicos.
No se conoce el riesgo azul del xilófono
    en manos bubónicas,
ni se cura la infección que provoca una baqueta
en esa dentadura armónica.

A veces interpreto por inercia la melodía chirriante
    de las equis.
Así descubro la finalidad de un astrolabio
y los márgenes de un mapa carcomido por el hongo
de los viajes abortados sin sonido.
Me pasan zeppelines de luz negra entre los dedos
si articulo el compás oscuro de esta brújula con forma
    de hélice.
No sé por dónde, pero un helicóptero desciende
    cada mediodía
para sorber mi lengua y ensañarse en mi contradicción.

Hay que tener un plan para volar.
Hay que aprender una canción mecánica y prohibida
para llegar al eclipse sin perder el cielo.
Hay que pulsar la alarma roja contra emergencias aéreas
por si acaso el hombre perfecto fuese una mezcla
    de músico y paracaidista,
de primate ruidoso y cóndor herido.

12

Fingers are in danger on the edge of a saxophone,
spice markets open,
prisons and public baths close.
No one knows the blue risk of the xylophone
    in bubonic hands,
nor is there a cure for the infection a drumstick causes
in this harmonic set of teeth.

Sometimes I perform, out of habit, the squeaky melody
    of the letter x.
This way I discover the purpose of an astrolabe
and the margins of a map eaten away by the fungus
of voyages aborted soundlessly.
Black light zeppelins pass between my fingers,
if I articulate the dark rhythm of this compass in the shape
    of a helix.
I don't know from where, but every day at noon
    a helicopter descends
to sip at my tongue and to get enraged at my contradiction.

One must have a plan to fly.
One must learn a song that is mechanical and forbidden
to reach an eclipse without losing the sky.
One must sound the red alarm for air raids
just in case the perfect man mixes
    musician and parachutist,
noisy primate and wounded condor.

Hay un veneno que debería secarse después
    de cada nube cortada.
Ese veneno estaba en mí,
daba a mi corazón el brillo bélico que tiene el motor
    de una hidronave.
Ese veneno se infiltra en los alimentos,
    desguaza la trabazón de los ríos
y mata como sólo lo hace el silencio
después de silbar y gangrenarse.

Con todo, sobreviví. Aprendí a levitar con los símbolos
    de la aeronáutica
y enjugué mis venas con partituras sin interpretación.
Hoy me queda comprender
por qué vuelo así,
por qué canto así,
por qué no soy así del todo libre.

There is a venom that should be dried after
    each cut cloud.
That venom was in me,
it gave my heart the warlike sparkle
    of a hydroplane's motor.
That venom infiltrates foods,
    it scraps the rivers' assembly
and kills as only silence can
after whistling and gangrene.

Despite it all, I survived. I learned to levitate
    with aeronautic symbols
and rinsed my veins with scores left unperformed.
These days, it remains for me to understand
why I fly this way,
why I sing this way,
why I am not, thus, completely free.

13

Son mías las piedras marcadas con un aspa negra.
Las suelo recoger cuando vuelvo a mi casa
    desde el faro
donde me he propuesto olvidarme de internet
    y del teléfono por unos días.
No sé qué significa una piedra marcada
    con un aspa negra
pero sé que brotan por donde camino con cuidado
    de no despertar a las libélulas.
A menudo supongo que esas piedras fueron el resultado
    de una maldición.

Qué fácil es olvidarse del sueño y su rebaba.
Qué difícil es dormir, como dicen que dormía
    el minotauro.
Me pregunto por qué maldijeron esto: piedras, faros,
    libélulas, el sueño de los minotauros.
Hoy todo queda reducido a una estadística o a una foto
    en una tarjeta de memoria
o como mucho al momento emotivo de un videojuego
    con clase.
No me quejo de mis días, pero sí de que se queden
    abolidas las palabras.

Por eso el tiempo pulverizará sus piedras al pasar
pero no las marcadas con esta aspa negra
    que tanto recuerda a mi laringe.

13

They're mine, the rocks marked with a black cross.
I like to gather them when coming home
    from the lighthouse,
where I aimed to forget internet
    and phone for a few days.
I don't know what it means, a rock marked
    with a black cross,
but I know they sprout where I walk, careful
    not to wake the dragonflies.
Often I imagine that those rocks were the result
    of a curse.

How easy to forget the dream and its jagged edge.
How difficult to sleep, as, they say,
    the minotaur slept.
I wonder why they cursed all this: rocks, lighthouses,
    dragonflies, minotaurs' dreams.
These days, everything ends up reduced to a statistic
    or a photo on a memory card
or at most an emotional moment
    in a classy videogame.
I'm not complaining about my days but about how
    words end up abolished.

That's why time will grind its rocks to dust by passing,
but not those marked with this black cross
    that recalls so much to my larynx.

14

Blindaje. Blindaje contra lo de dentro y desde fuera.
Cierre magnético para los guantes de invierno.
Estampida de alces en cuyos cuernos
se aloja el sónar capaz de detectar
un pedazo de taza enterrado en un iceberg
o el casco de un crucero condenado bajo un fiordo.

Tengo prejuicios contra lo descapotable
y me place encapotar el cielo del verano
o llover en el día más frío y de menos lucha.
Si supiera distinguir entre un arce y mis venas
sería ese sabio en trigonometría
que descubre la fórmula de la esclavitud.

Para eso están los tendones, para ejercitarse
con la máquina cortacésped que pule la pista
en que entrena un auriga convencido de su ventaja.
Para eso se bebe tequila: para no abusar
de la pastilla efervescente de la luna y el océano
en noches cuando lo fácil sería confiscar piraguas.

Anestesia en fin, topetazo, mordisco, defensa.
Consagrarse a los principios del cepo.
Es tan difícil sentir dolor en los tobillos
que interrogo al hierro sobre sus capacidades.
Me responde: ciertamente el hueso exige
minerales a favor de la corcova.

14

Armor. Armor against what is inside and comes from without.
Magnetic clasp for winter gloves.
Stampede of elk, in whose horns
is found the sonar capable of detecting
a piece of a cup buried in an iceberg
or the hull of a wrecked cruise ship beneath a fjord.

I am prejudiced against convertibles
and I like it when the springtime sky clouds over
or it rains on a day of greater cold and less bluster.
If I knew how to distinguish between a maple and my veins,
I could be the expert in trigonometry
who discovers the formula describing servitude.

For this there are tendons, that is, for exercising
with the mechanical lawnmower that polishes the track
on which a charioteer trains, convinced of his advantage.
For this one drinks tequila: so as not to take too much
of the effervescent tablet of moon and ocean
on nights when it would be easy to confiscate canoes.

Anesthesia, in sum, bump, bite, defense.
To devote oneself to the principles of the beartrap.
It is so hard to feel pain in my ankles
that I ask iron about its capabilities.
It answers me: certainly bone demands
minerals favoring the hump.

15

Cuando mueves las manos me enseñas a blandir tulipanes.
Esa dosis de armisticio que propagan tus uñas
es una escuela de cómo domar dromedarios.
Quiero dibujar tus dedos pero ya están trazados
    por delfines
o por la lluvia que espolvorea semilla de yuca
sobre el jardín salvaje de un llanto incomprendido.

Cuando mueves las manos combates el hambre
y te reconozco en tu postura de ninja durmiente,
de húsar que ofrece su espada a un sintecho.
Eres una valkiria que toca una tuba oxidada
en la terraza de un sórdido rascacielos.
Aunque alimentan, nadie sabe entender
    tus yemas todavía.

Cuando mueves las manos entran en ritmo
las sonrisas de toda una ciudad en donde importan.
Tienes algo indescriptible en los nudillos,
algo así como bongos olvidados en la jungla
pero más profundo: quizá el cuero de una darbuca abisal.
Hay artefactos que no comprendo
    sin que tú los hagas música.

De pronto tus manos no se mueven. Sé que descansas,
que ahora no vas a crear más dulces conflictos
y que después atenderás a los quiromantes.
Mientras, yo vigilo tus guantes y difundo

15

When you move your hands, you teach me to brandish tulips.
The dose of armistice that your fingernails spread
is a schooling in how to domesticate dromedaries.
I want to draw your fingers, but they're traced already
    by dolphins
or by the rain that sprinkles yucca seed
over the wild garden of an uncomprehended weeping.

When you move your hands, you combat hunger,
and I recognize you in your posture: a sleeping ninja
or a hussar offering his sword to a homeless man.
You are a valkyrie playing a rusted tuba
on the rooftop garden of a sordid skyscraper.
Although they are nourishing, no one yet knows
    how to crack your fingertips' code.

When you move your hands, a whole city's smiles
find their rhythm—a city where smiles matter.
There is something indescribable about your knuckles,
something like bongos forgotten in the jungle
but deeper: perhaps the leather of an abyssal darbouka.
There are artifacts I understand only
    when you make them music.

Suddenly your hands stop moving. I know you're resting,
right now you won't be creating more sweet conflicts
and only later will you deal with the palm-readers.
Meanwhile, I guard your gloves and spread word

tu sueño.
Cuando no mueves las manos petrificas koalas.
Te esperaré batiendo palmas y forjando anillos.

   of your dream.
When you don't move your hands, you turn koalas to stone.
I will wait for you, applauding and forging rings.

16

Necesito un fontanero que me explique estas tuberías
o la existencia, o cómo chilla a oscuras la sangre
o la matemática de una corola hexagonal.
Necesito saber si esto es un diseño o un caos
o si el caos es el diseño y las letras un puente hundido
o si el espacio es una palabra pronunciada y así perdida.

Puede que la galaxia misma sea la respiración de una abeja
entre dos piedras sustraídas de una gran muralla
    que ladrillo
a ladrillo tiñó de estrellas un ente con esperanza.
O quizá sea lo contrario y todas las profecías humanas
sobre placeres calcinados sean el aviso y la urgencia
de un ogro sordomudo o de un elefante con sueño.

Se me han oxidado los grifos de toda la casa
y para lavarme no sería bastante un pantano.
Todas las creencias son harina y se pudre el reloj
    en la charca.
No tengo ojos, ni oídos, ni boca para comprender
la blancura o negrura de los redondeles absolutos.
Aburre lo amorfo y cansa la perfección
    de todas las opciones acuáticas.

No necesito un adepto. Ni una llave inglesa.
    Necesito un músico
que ajuste los metrónomos al pálpito real del planeta,
a su duro espinazo ajeno a cosmogonías

16

I need a plumber who can explain for me these pipes
or existence, or how blood screams in the dark,
or the mathematics of a hexagonal corolla.
I need to know if this is a pattern or chaos,
or if chaos is the pattern and the letters a sunken bridge,
or if space is a word spoken aloud and thereby lost.

It's possible the very galaxy is the breathing of a bee
between two stones subtracted
    from a great wall that,
brick by brick, a hopeful being dyed with stars.
Or perhaps it is the opposite, and every human prophecy
concerning charred pleasures is the warning and the urging
of a deaf, mute ogre or an elephant with its dreams.

They've gone rusty on me, the taps all through the house,
and for washing myself a swamp wouldn't suffice.
Every belief is flour, and the clock rots
    in the pond.
I have no eyes, or ears, or mouth for comprehending
the whiteness or blackness of the absolute circles.
Bored by what is shapeless, and tired of the perfection
    of every aquatic option.

I don't need an initiate. Or a wrench.
    I need a musician
to adjust the metronomes to the planet's actual beat,
to its hard spine, alien to cosmogonies

pero tan sensible al estornudo de cualquiera.
Porque piso la tierra la desposeo paso a paso
y al fin comprendo que vivir es sobre todo no quedarse.

but so sensitive to any given person's sneeze.
Because I walk the earth, I dispossess it step by step
and at last I comprehend that living is, above all, not staying.

17

Tiemblan truchas: has echado
hierro en mi bebida
o en la ingesta no he sabido tolerar el topetazo
que planeó en su receta el viticultor salvaje.
No me queda más remedio que gritar
    para que no me escuches,
esconderme en la bolsa marsupial de la ley seca
y remendar la red del equilibrista con sed y sin suerte.

Dime que eres un canguro. Dímelo rápido y créetelo.
No bebo de un cáliz sino del cuenco ambiguo
    de tus manos.
Me quedo afónico si pronuncio el nombre del mineral
con que tapizas luminosamente las paredes de mi celda.
Vamos, criatura migratoria. Vuelve de tu viaje esférico
y difunde que sólo hasta entonces pero habrá primavera.

Tengo sed tienes sed y su eco tieso
    en el vientre.
La autopsia de esta ballena mostraría la soledad
    del remero
que bebió de su leche para alcanzar la costa con vida.
Qué difícil fue luego aprender a llevarse a una boca vacía
    un vaso lleno.
Lloraría si para hacerlo no arriesgase en las lágrimas
    ese líquido
que necesitamos contra tu sed contra mi sed
    y su asfixia con cactus.

17

Trout are quaking: you threw
iron in my drink
or in my intake I didn't know how to tolerate the butting
that the wild vintner planned in his recipe.
No remedy is left but to scream
    so you don't hear me,
to hide myself in the marsupial's pouch of Prohibition,
and to patch up the tightrope-walker's net, thirsty and luckless.

Tell me that you are a kangaroo. Tell me quickly and believe it.
I drink not from a chalice but from the ambiguous bowl
    of your hands.
I lose my voice if I utter the name of the mineral
with which you upholster, luminously, the walls of my cell.
Come, migratory creature. Return from your spherical journey
and spread the word: even if only until then, there will be spring.

I am thirsty you are thirsty and the stony echo of thirst is
    in your belly.
The autopsy of this whale would reveal the solitude
    of the oarsman
who drank of its milk in order to reach the coast alive.
How hard it was, then, learning to lift a full glass
    to an empty mouth.
I would cry, if to do so did not risk, in tears,
    the fluid
we need against your thirst against mine
    and its asphyxiation by cactus.

Se me ha quedado la lengua enterrada en mantequilla.
He olvidado la postura que necesitan mis labios
 para beber.
Están mis comisuras sin hipótesis, mis dientes
 sin epopeya,
sin objeto mi saliva como un semen
 masturbado a solas.
Pero tus genes transportan un cargamento
 de esperanza irresistible
a través de una región cuyos pozos no conozco
 aunque aguardo sin medida.

My tongue has been buried in butter.
I have forgotten the position needed for my lips
    to let me drink.
The corners of my mouth have no hypothesis,
    my teeth no epic,
my saliva no purpose, just like semen
    when I masturbate alone.
But your genes transport a cargo
    of irresistible hope
across a region whose wells are unfamiliar to me,
    although I keep watch desperately.

18

Yo quería haberlo sido todo, que mi aleta
caudal desconectara la brújula de piedra. Yo quería.
Yo quería. Pero pobre bumerán era mi pie
y lo que he sido en desdén de lo que quise ser
me lo ha enseñado todo: espero, espero en la azotea
a que el recuerdo se acabe y destiña lo sido.

Espero. Ser nadie no es serlo todo
    pero sí quererlo ser.
Los inmortales recogen camelias así, con la mano culpable
de haber rechazado su fatalidad de historia cuadrada
y una identidad que hace sangrar primates por los poros.
Habrá que idear un radar que nos marque el ardor
y alimentarse de moka e ir sobreviviendo a los personajes.

Espero. Sufro mi ocio, incendio hipódromos,
    cazo corazas.
Sé que me asignan tareas, pero no acepto bofetones
porque no respeto la maquinación del hacedor
    de máscaras.
Espero. Siempre hay alguien al otro lado
    de la línea oscura
con la misma voz rasposa que deniega el sueldo
    a los acróbatas.
En mis entrañas un plan: ser tú. Y vosotros.
    Y no ser otro sino lo otro.

18

I wanted to have been it all, wanted my dorsal
fin to disconnect the compass of stone. I wanted.
I wanted. But my feet were poor boomerangs,
and what I have done in scorn for what I sought to be
has taught me everything: I await, I await on rooftop
the point when memory has finished and what was has faded.

I await. Being nothing is not being everything
    but wanting to be.
The immortals gather camellias this way, with the hand guilty
of having rejected its misfortune of squared history
and an identity that makes primates bleed from their pores.
One will need to devise a radar marking out our ardor,
and feed on moka, and go on surviving characters.

I await. I suffer my leisure, I set racetracks on fire,
    I meddle with metal boxes.
I know that I am given tasks, but I do not accept the slaps,
because I do not respect the machinations
    of the mask-maker.
I await. There is always someone on the other end
    of the dark line
with the same raspy voice, denying the acrobats
    a salary.
In my guts, a plan: to be you. And you all.
    And to be nothing other than the other.

Para alcanzar mi objetivo esquivé centinelas armados
a través del podrido servicio al cliente, tan duro
que apaga la fogata y borra inexplicablemente
    la canción de amor
que dedica el capitán de un portaaviones al piloto
    menos cauto.
He cruzado, he navegado, he descendido, he pululado,
    he comprendido
y ahora no me queda más salida que sabotearme
    la memoria y el teléfono.

To reach my objective I avoided armed sentries
on my way through rotten customer service so hard
that it doused the blaze and erased—no explanation—
    the love song
that the captain of an aircraft carrier dedicates to his least
    cautious pilot.
I have crossed, navigated, descended, swarmed,
    and comprehended,
and now have no way out but to sabotage
    my memory and my phone.

19

La muerte se disipa con la muerte
como amasando pan se pierde el hambre.
Hay que pisar baldosas de otro día,
llegar a la llegada y no llegar.

Alguien cocina sardinas de luz
en la sartén del terco calendario
y quiere devorar el apetito
que aparece al mirarse en el espejo.

No ser el doble ni el disfraz, no ser
la consabida calavera, no
ser la repetición de una película

sino ser el plural y el costurero,
el esqueleto de todos los monos
y filmar el dolor al desvestirse.

19

Death dissipates with death,
just as hunger is lost kneading bread.
One must walk the tiles of another day,
arrive at the arrival and not arrive.

Someone is cooking sardines of light
in the frying-pan of the stubborn calendar
and wants to devour the appetite
that appears when he looks at himself in the mirror.

Not to be the double or the disguise, not to be
the well-known skull, not
to be the repetition of a movie

but to be the plural and the sewing basket,
the skeleton of every monkey,
and to film pain while undressing.

20

No hay nada como verter
un cubilete de azahar sobre tu blusa,
abrirte el balcón y anunciarte
que aún no ha llegado el correo de las islas.

No hay nada como hacerte ver
que un nómada te sostiene la sombrilla
cuando vas a remojarte los pies a la charca con luna.
No hay nada como tener celos de un vestido.

No hay nada como escoltarte a la bañera
y abrirte el tarro de sales y algas.
Nada como alcanzarte la toalla
que ayer te plancharon las sirenas chipriotas.

No hay nada como tenderte una mano
y que la tomes. No hay nada como cerrar los ojos
y verte. No. No hay nada que nos falte,
nada que se nos olvidara en la costa.

No hay nada como ensartar todo lo nuestro
en un collar de minutos para el cuello de la esfinge,
nada como un vaso de zumo de nuestro tiempo.
No hay nada que se resista a nuestra doble soledad
    en punto.

Sí lo hay. Hay pensar que en el solsticio
    de mañana

20

There is nothing like pouring
a dice-cup full of lemon blossoms over your shirt,
opening up your balcony and announcing to you
that the mail from the islands has not yet arrived.

There is nothing like having you see
that it's a nomad who holds your parasol
when you soak your feet in a puddle reflecting the moon.
There is nothing like being jealous of a dress.

There is nothing like escorting you to the tub
and opening up the jars of salts and seaweed.
Nothing like fetching you the towel
pressed yesterday for you by the Cypriot sirens.

There is nothing like offering you my hand—
and then you take it. There is nothing like closing my eyes
and seeing you. No. There is nothing we lack,
nothing we forgot on the coast.

There is nothing like threading all we have
on a collar of minutes for the neckline of the Sphinx,
nothing like a glass of our time's juice.
There is nothing that resists our doubled solitude
    o'clock.

Yes there is. There is thinking that upon the solstice
    tomorrow

nos habremos olvidado de acordarnos,
y que a partir de esta noche faltarán constelaciones
para que no sepamos reinventar la madrugada.

we will have forgotten to remember,
and that, from this night on, some constellations will be missing,
so that we won't know how to reinvent the dawn.

21

Hay un conflicto entre el ser y el estar, una duda
sobre lo más básico del mecanismo del puño,
una falta de conocimiento que nos atañe a todos
    por permanente.
Es la distancia entre cerebros, la multiplicidad
    en la disensión.
Lo que quiero decir es que tú piensas y yo pienso,
    lejos cada uno
y con otra idea sobre todo y a destiempo.
    De ahí la guerra.

Y de aquí la identidad, que fosforece a la salida
    del laberinto,
que pilota aeroplanos y bombardea el envés.
Quién soy, que espolvoreo espejo sobre lo que no soy.
Quién eres, y bajo qué preceptos surges del fango
    y luchas.
Si fueran éstos días de paz beberíamos cerveza belga
    en jarra
y no nos esconderíamos el uno al otro
    las piezas del puzle.

Debe ser triste atracar barcos con batalla,
sincronizar el ataque al corazón de los demás
y esperar muy erguido la infamia de la condecoración
mientras el donante de órganos se queja en la oficina
donde otros decretan el arboricidio, la tala
de brazos y almas que nacieron limpias y libres.

21

There is a conflict between being and existing, a doubt
about the most basic mechanism of the fist,
a lack of comprehension that concerns us all in
    its permanence.
It is the distance between brains, multiplicity
    in dissent.
What I mean to say is that you think and I think,
    far from each other,
with our own ideas about it all, in different tempos.
    And so: war.

And so, too, identity, that phosphoresces at the exit
    of the labyrinth,
that pilots airplanes and bombards the underside.
Who am I, who sprinkles mirror over what I am not.
Who are you—under which precepts rising from mud
    to fight.
If these were days of peace, we could drink Belgian beer
    in steins
and we wouldn't conceal from each other
    the pieces of the puzzle.

It must be sad, docking boats that have seen battle,
synchronizing the attack to the others' hearts
and awaiting, quite upright, the infamy of the medal,
while the organ-donor groans in the office
where others decree arboricide, the felling
of arms and souls that were born clean and free.

He reventado a culatazos el caparazón de la tortuga.
Has abierto de un pisotón las entrañas del escarabajo.
Con deseo jugamos a aplastar hileras de hormigas,
participamos en las escaramuzas, tomamos rehenes,
incendiamos hospitales de campaña, desdeñamos
    la piedad.
Cuando sin deseo volvemos al barrio
    no nos reconoce nadie.

With the butt of my pistol I shattered the turtle's shell.
With a stomp you exposed the scarab's innards.
Desirously, we play by crushing rows of ants,
we take part in skirmishes, we take hostages,
we set field hospitals on fire,
    we scorn pity.
When, desire spent, we return to the neighborhood,
    no one recognizes us.

22

Desciendo de una casta de aguateros que no se tratan
    con el sol
y colman la sed nocturna de los que trabajan
    el arrozal.
Al sonido de mi oboe acuden
    las canoas y los torpes,
las mujeres y los hombres con artrosis y pavor
    ante el caimán.
Hoy, la noche saca los cubiertos y cena sin invitados.
Habría que ser un caníbal para participar
    en esa corrupción.

Voy anotando mi entrega. Aquí está la avena luminosa
para alimentar al pegaso que propaga meteoros.
Aquí se desoxidan cantimploras para todo recluta
    en el frente
y queda descifrado el código con que el espía concluye
    la crisis.
Aquí se registra la invención del zapato del viento
que nos da una patada y con ella su amistad
    y su viaje.

En esta escuela se matan microbios con limadura
    de diamante
y se alivian contusiones con polvo de cisne
    cuando el plenilunio
coloca su dinamita blanca en los cimientos
    de la enfermedad.

22

I am descended from a caste of water-carriers who
    do not deal with the sun
and who slake the nighttime thirst of workers
    in the rice-paddy.
At the sound of my oboe they turn,
    canoes and clumsy people,
women and men, arthritic and fearful
    before the caiman.
Today, the night sets out silverware and dines alone.
One would need to be a cannibal to take part
    in that corruption.

I go along noting my dedication. Here is the luminous oat
for feeding the Pegasus that propagates meteors.
Here they descale canteens for every recruit
    on the front,
and the code is deciphered that lets the spy resolve
    the crisis.
Here one records the invention of the shoe of the wind
that kicks us and, with that, gives us its friendship
    and its journey.

In this school, they kill microbes
    with diamond filings
and ease contusions with powdered swan,
    when the full moon
sets its white dynamite in the foundations
    of the sickness.

Después se doman dragones para que su cólera
    favorezca el rito
que permitirá al enamorado derretir la cadena
    de la mitología
y recoger de entre las brasas la promesa roja
    y la resurrección.

Ven conmigo y te enseñaré a invocar
    a la bestia del agua.
Pueden servirte sus escamas como escudo
    y su sombra como tótem
bajo cuyo auspicio ganes un asiento en el concilio
    que cuida el océano.
En mi casa aprenderás a trazar el mapa que conduce
    a tu libertad
y practicarás la traducción de runas
    hasta que de tu propia boca
fluya al fin esa palabra, tu palabra,
    que te sacie y pacifique.

Later, they tame dragons so their anger
    favors the ritual
that will let the lover melt down the chain
    of mythology
and gather from among the embers the red promise
    and the resurrection.

Come with me, and I will teach you to invoke
    the beast of the water.
Its scales can serve as your shield,
    and its shadow as a totem
under whose protection you may win a seat on the council
    that cares for the ocean.
In my house, you will learn to trace the map that leads
    to your freedom
and you will practice translating runes until,
    from your own mouth,
there flows at last that word, your word,
    that satisfies and pacifies you.

23

Aquí crece el bambú que comería el búfalo
    si quisiera morir.
En el fondo de este pantano yacen osamentas
    que no merecen compañía.
El imán definitivo atrae los últimos átomos atónitos
y condena fémures cariados por la soledad y el clima.
Este paisaje huele a frío y sabe a frío
    y si se empuña estalla
y no puede ignorarse porque el corazón está
    en su juego ignominioso.

Cómo será el final. Ni biblioteca ni músculo. El final,
la gigantesca diáspora a una tierra lateral
    donde se corta el vértigo
y el ser se rebaja a la docilidad de la que el toro
    reniega en vida.
Hablaba de un paisaje. No. Es una raspa de pescado,
    un costillar
de cerdo en sacrificio, un armazón de gaviota en taller.
Querría abortar la danza, pero es mi propia boca
    y su papiroflexia.

Hay que enseñar al hígado a seguir, a sufrir el saqueo
y enfrentarse sin metralleta al rostro bifronte,
    a las tropas
que desembarcan del acorazado cuya ruta se intuye
    por el rastro
de manillas que suelta su amenaza:

23

Here grows the bamboo that the buffalo would eat
    if he wanted to die.
At the bottom of this marsh lie skeletons
    that are unworthy of company.
The definitive magnet attracts the last astonished atoms
and condemns femurs decayed by solitude and climate.
This landscape smells of cold and tastes of cold and,
    if handled, bursts,
and one cannot ignore it, because the heart is
    in its ignominious game.

How will the end be. Neither library nor muscle. The end,
the gigantic diaspora to a sidelong land
    where vertigo stops
and being is diluted to the docility that the bull
    refuses in life.
I was speaking of a landscape. But no. It is a fish's spine,
    a rib
of sacrificial pork, a seagull's armature in a workshop.
I would like to abort the dance, but it is my own mouth
    and its origami.

One must teach the liver to go on, to suffer looting
and to confront—with no machine gun—the two-fold face,
    the troops
disembarking from the battleship whose route is intuited
    in the trace
of watch hands that its threat releases its threat:

esta armada viene para sobrevivir.

Estirpes enteras han capitulado. Estirpes enteras
   entre los escombros.
Qué queda sino tragar el jabón que nos lima las células
   sin dolor y con daño.

No está todo perdido. Podemos elegir mascar rubíes
   en vez de muérdago.
Podemos bajar al cobre o subir al albatros y la voz
   que lo cuenta
apenas cambia de altura porque siempre está al nivel
   del que sabe escuchar.
Hasta en la derrota existe una certeza:
   desde muy alto nos envidian.
No es nuestra alianza con el que vence
   sino con el que espera
el dulce pasaje al país deshelado y quizá merecido
   con todo el recuerdo.

this armada's purpose is to survive.

Entire lineages have capitulated. Entire lineages
    among the rubble.
What is there but to swallow the soap that smooths our cells
    painlessly, doing harm.

Not all is lost. We can choose to chew rubies
    instead of mistletoe.
We can go down to the copper or rise up to the albatross,
    and the voice that tells it
barely changes pitch because it is always at the level
    of one who knows how to listen.
Even in defeat there exists a certainty:
    from quite high up they envy us.
Our alliance is not with the one who wins
    but with the one who awaits
the sweet passage to the meltwater country
    that may be worthy of all this recollection.

24

Llueven teléfonos. Calan palabras.
    Sajan mensajes y orejas.
Dono a una nube mi noche con lágrima
    y el enemigo la reta
siempre intentando implantar dictaduras.
    Hay quien saquea mis máscaras.
Un momento. Un momento. Se han fundido los plomos.
    La luz era este lujo
de extrañarla. Un momento. Me quedo sin contactos,
    sin batería. Duele.
Tengo mucho que contar pero me falta la queja
    y la informática prohibidas.

Me atrevo al papel de lija por la mañana, al de plata
    por la tarde.
Todo se basa en su envoltorio o en su fricción.
    No menos las estrellas
inalámbricas que penden de enramadas y balcones
    y propagan energía de regalo.
Lo que me sobra es necesario en las regiones sin biombo
    ni títere ni albahaca.
Lo que me falta es el postre de un robot acostumbrado
    a directrices oscuras
que para él programó un contorsionista por amor
    a la rigidez de los demás.

Algunos muchachos abren bazares y venden radios.
    Algunos ancianos cierran

24

It is raining phones. Words soak in.
    Messages and ears slice open.
I donate my night with a tear to a cloud,
    and my enemy challenges it,
always intending to install dictatorships.
    Someone is looting my masks.
One moment. One moment. The fuses have blown.
    The light was the luxury
of missing it. One moment. I wait without contacts,
    without battery. Hurting.
I have much to relate but I lack any forbidden complaint
    or computer science.

I dare sandpaper in the morning, aluminum foil
    in the evening.
Everything is based in its wrapping or its friction.
    Not least the wireless
stars that hang from the branches and balconies
    and propagate gift-energy.
What I have too much of is needed in regions
    without folding screens, puppets, or basil.
What I lack is the dessert of a robot accustomed
    to dark commands,
programmed by a contortionist in love
    with other peoples' rigidity.

Some boys open bazaars and sell radios.
    Some old men close

relojerías con mundo. Toda la tecnología se desfasa
  entre las muelas
del día común, que ignoro por el día que conozco
  por el tacto y que no llega.
Porque voy a morir pero, mientras, distingo nuevos labios
  con los labios viejos.
Porque voy a vivir y, entre tanto,
  recuerdo viejos labios con los labios nuevos.
Nada podría apartarme del teclado
  y su código de clavos sobre el beso.

Esos androides que fuman cobre conocen mi aversión
  a los resultados.
Negocio con ellos cuando necesito recambios
  para mi altímetro
y pasan por alto los delitos que cometo no sin ganas
  de comprender
tanto cable, tanta pantalla, los dígitos que marcan el alfa
  y el omega cotidianos.
Voy a desprenderme de ecuaciones,
  voy a agotarme fórmula tras fórmula
y no habré tolerado menor agresión
  que la boca ni epidemia menor que el grito.

well-frequented clock-shops. All the technology grows
    obsolete between the molars
of the ordinary day, which I don't know
    as the day that I know by touch and does not come.
Because I am going to die but, meanwhile,
    I distinguish new lips with my old lips.
Because I am going to live and, for the duration,
    I recall old lips with my new lips.
Nothing could part me from the keyboard
    and its code of nails upon the kiss.

Those androids that smoke copper know my aversion
    to the results.
I negotiate with them, when I need replacement parts
    for my altimeter,
and they overlook the crimes that I commit
    not without hope of understanding
such a cable, such a screen, the digits that mark the alpha
    and the omega of every day.
I will detach myself from equations,
    I will wear myself out formula by formula,
and I will not endure aggression smaller
    than the mouth, nor epidemic smaller than the scream.

25

Cebolla. Petróleo. El hambre y la energía
 abrazándose.
Sin forzarlo. Sin pretenderlo.
 Dejándose dormir los filos.
Soy pobre cuando muerdo. Soy rico cuando trago.
 Animal siempre
que no conoce el pozo de vino ni la conserva
 en escabeche
sino por las sobras que los otros descartan
 como alimento distintivo
y de ahí horneo barcos y cultivo especias que dejan débil
 la mandíbula.

Soy la fe entre dos casualidades necesarias. Tengo
lo que no tengo más que en forma de apetencia roja
 e irredimible.
Una pizca es cantidad muy razonable si se trata
 de vivir sediento
en tierra ácida de dulce nadie donde quitarse el frío
 a tragos calientes.
Soy lo que soy y lo que quiero ser sin sueño.
 Soy lo que seré dormido. Soy
el combustible que separa el agua de la botella,
 el constructor de la destrucción.

Este ser frontera entre vacíos me conmina a practicar
 un sortilegio:
altero en mí lo que está fijado por las otras vidas

25

Onion. Petroleum. Hunger and energy embracing
    each other.
Without forcing it. Without pretending.
    Letting the edges sleep.
I am poor when I bite. I am rich when I swallow.
    Always an animal
that does not know the well of wine or the canned
    goods in marinade
but for the leftovers that the others discard
    like distinctive food,
and so I bake boats and I cultivate species that lead
    to weakness in the jaw.

I am the faith between two necessary accidents. I have
what I no longer have but in the form of an appetite, red
    and irredeemable.
A pinch is quite a reasonable quantity, if one is dealing
    with living thirsty
in the acid land of a sweet nobody, where the cold
    disappears in heated swallows.
I am what I am and what I want to be without dreaming.
    I am what I will be, sleeping. I am
the fuel that separates the water from the bottle,
    the builder from the act of destruction.

This being a boundary between voids makes me want
    to practice fortune-telling:
I alter in myself what is fixed in place by other lives,

    en un intento duro
de establecer la democracia de la esfera donde sólo había
    parrillas y pirámides.
Como la papiroflexia propala bosques y entrega el fuego
    a la universidad
así se construyen túneles de cuatro carriles en el tiempo
    para ir y volver
y terminar por ir sin volver y enmarcar el diploma
    de la agonía.

Hace días que se formó el planeta y ya gira en busca
    de sonido.
La quietud es una pretensión. El silencio un mito.
    Mis manos música
bajo lluvia de cuásar que deja obsoletas baraja
    y cartografía.
Ojalá la dentadura fuera orquesta y no tan sólo
    restaurante prohibitivo.
Poco queda por cambiar. Poco quiere dejar de ser
    para no ser lo mismo.
Poco sé que no aprendiese cuando hablar era un menú
    y mi estómago una arenga.

    in a hard attempt
to establish the democracy of the sphere where there were
    only grills and pyramids.
Just as origami divulges forests and delivers fire
    to the university,
so are there constructed four-lane tunnels in time
    for going and returning
and ending up going without returning and framing
    the certificate of agony.

Only days since the planet formed and already
    it is turning in search of sound.
Quiet is a specious claim. Silence a myth.
    My hands are music
under a quasar's rain that makes a deck of cards
    and cartography obsolete.
I wish dentition were an orchestra and not just
    a prohibitive restaurant.
Little remains to be changed. Little wants to stop being
    so as not to be the same.
I know little that I could not learn, when speaking
    was a menu and my stomach a harangue.

26

No me cuentes lo que tienes sino lo que quieres. La ceniza
es indicio de fuego apagado pero no de cobijo extinguido.
   Nadie
echa de menos la hoguera cuando da calor.
   Explícame tu frío
como si no tuvieras otra cosa. Amortiguar el cansancio
   o combatir
el hielo son oficios delatores de la llama. Ni paliar
   ni pelear:
pierde el miedo al clima que te azota y date
   con desgaste a lo que buscas.

Un cauce vacío implica un pasado de deseo,
   un lodo dormido
que ha sido agua hasta el final. No desaparece
   lo que quieres
porque lo hayas encontrado. Otros vendrán
   a poseerlo en su futuro
y tú les servirás de guía porque lo conoces
   ya sin codiciarlo,
lo expones en tu museo, lo incluyes en tu itinerario
   a la deriva.
No me interesa lo que has conseguido.
   Con ello me obligas a envejecer.

No presumas de tu carencia pero comparte siempre
   lo que te falta.
Es en busca de la busca como yo más te respeto,

26

Don't tell me what you have but what you want. Ash indicates
that fire has gone out, not that shelter is extinguished.
    No one
misses a campfire while it gives off heat.
    Explain your freeze
as if you had nothing else. To cushion fatigue
    or to combat
ice—this is the telling work of fire. Neither to palliate
    nor to fight:
lose your fear of the weather lashing you, and give your
    worn-out self to what you seek.

A dry riverbed implies a history of desire,
    a sleeping muck
that was water until the end. What you want does
    not disappear
just because you have found it. Others will come
    to own it in their futures
and you will serve as their guide, because you know it
    already without coveting it,
you display it in your museum, you include it
    on your open-ended itinerary.
I am not interested in what you have achieved. With it
    you make me grow old.

Don't brag about your lack but always share
    what you are missing.
It is in searching for the search that I respect you more,

    cuando tu mano
adquiere la forma inédita de un pan que limpia
    el esqueleto
y se entrega a otra boca para navegar al siguiente
    archipiélago fértil
siempre con apetito, siempre sin astrolabio,
    siempre por el trigal,
nunca por hacer del hambre un lujo
    o un tormento terminales.

Toma con los dedos lo reciente y déjalo reciente
    con los dedos.
No seas parte del inicio ni te impliques en el fin.
    Pon si acaso
unos centímetros más de luz a la dimensión de la galaxia
    en curso.
Paseemos. Mira cómo crece la cebada.
    Habrá pelícano en su salsa
y zumo de sandía allí en el merendero. Déjalo. Olvídalo.
Has nacido para algo más que la cadena alimenticia.
    Así te admiro.

when your hand
takes the unprecedented shape of bread that cleans
    the skeleton
and delivers itself to another mouth, to sail to the next
    fertile archipelago
ever with an appetite, ever without an astrolabe,
    ever for the wheatfield,
and never making hunger a luxury
    or a torment—both terminal.

Take with your fingers what is fresh, and leave it fresh
    with your fingers.
Do not be part of the beginning or implicate yourself
    in the end. If anything, add
a few centimeters more light to the size of the galaxy
    in progress.
Let us walk on. Look how the barley grows.
    There will be a pelican in its sauce,
and watermelon juice, there, at the picnic. Let it go. Forget it.
You were born for something more than the food chain.
    So I admire you.

27

El gusto es la memoria, las papilas un diario,
    una levadura volver.
Diagnostico la manzana con mesura para alzarme
    con la fuerza de su
gravedad. El taxista que me lleva cena cisne
    los domingos y bosteza
sin candados. Así sabe que en mi esquina no hay bolera
    ni teléfono
y que en el barrio nadie juega ni se engaña sino vive
    y anda siempre
con lo puesto. Y lo puesto es una piel que desconoce
    el frigorífico y la espera.

La frontera entre el perro y el lobo es el hombre.
    Catálogos de especies
sucumbieron al tridente y la botánica quedó hecha añicos
    con la sal.
Ni membranas ni chalecos antibalas sirven contra
    el Plan y su campaña
y aquí no vale hablar de cuánto cuesta el álgebra
    que explica los mordiscos
ni de qué modo secar la pólvora rebelde y el trazado
    de las moscas
sin que un pistoletazo ponga fin al anfitrión
    de la esperanza demoníaca.

Hay fisuras en este fuselaje. Es peligroso despegar.
    Esta chatarra fue

27

Taste is memory, the taste buds a diary,
    a leavening a return.
I run a diagnostic on the apple, in moderation,
    to bolster myself with the force of its
gravity. My taxi-driver dines on swan
    every Sunday and he yawns
without padlocks. Thus he knows that in my corner
    is no bowling alley or phone
and that in the neighborhood no one gambles or deceives
    himself but lives and is always
hardscrabble. And hardscrabble is a skin unfamiliar
    with refrigerator and waiting.

The border between dog and wolf is man.
    Catalogues of species
succumbed to the trident, and botany ended up in broken
    pieces with salt.
Neither membranes nor bulletproof vests work against
    the Plan and its campaign,
and it's not worth talking here about the price of algebra
    explaining the nibbles
nor about how to dry rebellious gunpowder and the
    pathway of flies
without a gunshot putting a stop to the host
    of demonic hope.

There are cracks in this fuselage. It is dangerous to take off.
    This junk was

en su momento satélite y pronóstico de luz.
    Hoy no es más que una
cápsula de estómago ulcerado que acabó en alcantarilla
    y en desecho
de hojalata que no sirve ni siquiera de tazón para la leche.
    Los pilotos
hacen cola para entrar en el sorteo y no volar.
    Nadie les culpa.
Pasan hambruna en la tierra por amor a la horma
    de sus zapatos.

La granja envía su cosecha y el electricista instala enchufes.
¿Qué me falta? Una oportunidad de aprender la energía,
    el desove
del pez abisal que no ve pero enseña a nadar sin dejar
    huella alguna.
No me quejo de las cosas que no tengo porque un día
    las tendré
más que olvidadas. El desayuno siempre borra las arrugas
    de la cama.
¿Qué me falta entonces, qué? Quizá que no me priven
    de vajilla.

in its day a satellite, a forecaster of light.
    Now it is nothing more than a
capsule of ulcerated stomach that ended up in the sewer
    and in scraps of
tin, good for nothing, not even a cup for drinking milk.
    The pilots
line up to enter the lottery and not to fly.
    No one blames them.
They endure famine while grounded, out of love
    for their shoe tree.

The farm sends its harvest, and the electrician installs outlets.
What do I lack? An opportunity to study energy,
    the spawning
of the abyssal fish that cannot see but teaches how to swim
    leaving no trace.
I do not regret any of the things I do not have,
    because one day I will have them
more than forgotten. Breakfast always smooths
    the wrinkles of the bed.
What do I lack, then, what? Maybe they wouldn't deprive me
    of my dishes.

28

No entiendo lo que dices pero sé que es importante
    pronunciarlo.
Aunque duermo en una tienda de campaña en compañía
    de moluscos
conozco lo que te roe, las costras que no debías callarte
    en ningún idioma.
La caries que te cruza el corazón es suficiente
    compromiso con el caos
y es suculento tu negocio con la duda y sus esbirros
    tan marrones.
Hoy es por siempre: cámbialo y ponlo pronto
    en la cumbre del calendario.

Levántate. Me debes lo que sueñas. Me confiscas
    los cuchillos y fumigas
el huerto en que soy yo pero parezco los demás de cacería
    con tus perros.
En tu mantel soy tu ración de aceite, tu ración de vino
    y tu ración de pan.
En cambio tú eres ya sin delinquir
    lo que no sabes ocultarme en la redada.
Pasas páginas de agenda
    y eso es darse un chapuzón entre esculturas
exiliadas del museo que no espera a que se asfixien
    para abrir la exposición.

Lo que haces es verdad al demoler quirófanos
    sin admitir presentimientos.

28

I do not understand what you say but I know
    that uttering it is important.
Even though I sleep in a camp tent in the company
    of mollusks,
I know what gnaws at you, the scabs you should
    not silence in any language.
The cavity that crosses your heart is quite
    a commitment to chaos,
and it's succulent, your bargain with doubt, and its
    henchmen so brown.
Today is forever: change it and place it right
    on the summit of the calendar.

Get up. You owe me what you dream. You take the knives
    from me and fumigate
the garden where I am myself but I look like the others
    out hunting with your dogs.
On your tablecloth, I am your ration of oil, your ration
    of wine, your ration of bread.
In turn you are already, without crime,
    what you don't know how to hide from me in the raid.
You go through pages in your planner,
    and that is to take a dip among sculptures
exiled from the museum that is not waiting until
    they asphyxiate to open the exhibit.

What you do is true when demolishing operating rooms
    without allowing presentiments.

Renuncio al pago a plazos de los electrodomésticos
    que viven por mi ocio
y abuso del placer y el botiquín del día a día amplificado
    en anestesia.
Y tú con tu uniforme, y yo con mis harapos, inscritos
    en el mismo
registro de pacientes, apenas calculada la medida
    de nuestra sequedad.
Tu estatura es a la paz lo que la mía al tiempo
    que nos desaloja.

No entiendes lo que digo pero sabes que lo hago
    por nosotros.
Somos lo que somos porque no pudimos
    ser lo que quisimos
y nos debemos respeto. Soy lo que no me esperó.
    Eres lo que no faltaba.
Si no nos pasa nada nos perseguirán ya tarde
    hasta tacharnos.
Sucedamos, sucedamos mientras quedan cosas
    que no fuimos nunca
porque de serlo habríamos roto promesas que duran
    no pocos abrazos.

I give up paying installments on the appliances
    that live for my leisure
and I abuse pleasure and the daily medicine cabinet
    amplified in anesthesia.
And you with your uniform, and I with my rags, written
    in the same
registry of patients, hardly even half
    of our dryness calculated.
Your height is to peace what mine is to the time
    that evicts us.

You do not understand what I say but you know that I do
    it for us.
We are what we are because we could
    not be what we wanted
and we owe ourselves respect. I am what did not wait for me.
    You are what was not lacking.
If nothing happens to us, they will pursue us,
    already too late to cross us out.
Let us succeed, let us succeed while things remain
    that we have never been:
if we had been, we would have broken promises
    that endure no small number of embraces.

29

Dios es lo que hacemos de ello: curva de gatillo,
    leña y porcelana,
metralla que tatúa torsos torpes troceados
    por un hacha con amor.
Dios es ladrón de jofainas: lavarse las manos con asco
    es condena arbitraria
que sólo sabe soportar quien no costea
    la patrulla angelical ni su diluvio.
De todas las prisiones la de dios es la más húmeda,
    le sobran centinelas
y le faltan panaderos que me enseñen a amasar
    mi propia cara en el poliedro.

Dios es la caligrafía de lo que hago cuando no deseo
    recordar lo que hice
por miedo a hablar de más y silenciar así mi estruendo
    de mañana.
Dios conduce la ambulancia que me lleva de hoy
    a ayer para borrarme una
memoria que sabía apaciguar al estratega de mi vida
    con calor y olvido.
Y porque dios debuta cada día como ingenuo segador
    de mi pasado
creo lo que no creía, soy lo que no era,
    puedo comprenderme en el estiércol.

Dios es la intemperie con sordina, tanto anillo
    como cepo amortiguados,

29

God is what we make of him: curve of trigger,
    firewood and porcelain,
shrapnel that tattoos torpid torsos torn
    by an axe with love.
God is a washbowl thief: washing one's hands with disgust
    is an arbitrary punishment
to be endured only by someone not funding the patrol
    of angels or its flood.
Of all the prisons, God's is the most humid,
    it has too many sentinels
and it lacks bakers who could teach me to knead
    my own face in the polyhedron.

God is the calligraphy of what I do when I do not desire
    to remember what I did
from fear of speaking more and of silencing thus
    my tomorrow's din.
God drives the ambulance that takes me from today
    to yesterday, to erase a
memory that knew how to pacify my life's strategist
    with heat and oblivion.
And because God makes his debut each day
    like an ingenuous mower of my past,
I create what I did not believe, I am what I was not,
    I can understand myself in manure.

God is the outdoors muted, a ring
    or a bear trap cushioned,

clavo y martillo, víctima que sufre más el tránsito
    que el vértigo.
Dios cocina dromedarios en mi horno y refrigera morsas
    para celebrarme.
Camellos y pingüinos me sugieren que aproveche
    las mejores dentelladas.
Le queda tiempo a dios para vetar posibles lágrimas
    de hartazgo
y abrir más restaurantes mientras promociona
    la franquicia con dilema.

Dios no es lo que ha sido sino lo que fue después
    de la tristeza
domada por el ánimo de hablar abiertamente
    sin pactar el resultado.
Dios no está donde está, pero sí donde estaré contigo
    si me dejan
de perseguir la médula y el tiempo que costó
    pasar a limpio su diseño.
Tú sabes que te callas porque dios no nos conoce
    en nuestra trenza.
Atiéndeme un minuto mientras trato de tragarme
    la ración que sobrará.

nail and hammer, victim suffering more the transit
    than the vertigo.
God cooks dromedaries in my oven and refrigerates
    walruses to celebrate me.
Camels and penguins suggest that I take advantage
    of the best bitemarks.
There is still time for God to forbid possible tears
    of gluttony
and to open more restaurants while promoting
    the franchise of dilemma.

God is not what has been but what existed after
    the sadness
tamed by the spirit of talking openly
    without agreeing on the result.
God is not where he is, but where I will be with you,
    if they stop
pursuing my marrow and the time it took
    to make a clean copy of its design.
You know that you keep silent because God
    does not know us in our braid.
Wait for me a minute, while I try to swallow
    the ration that will remain.

30

Lo que señalas es importante si lo señalas,
  se hace presente.
De ahí la jerarquía. En lo alto lo de ahora y en lo fijo
  lo olvidado.
O quizá en lo alto lo que humea y en lo bajo lo indeleble,
  cocotero.
No tengo lo de arriba y es de abajo lo que hago para nadie
  y repetido.
Desconozco y no comprendo quién seré si estoy sin ser
  lo que quería
pues no siendo lo que soy soy más conmigo
  que si soy sin mí mi nombre.

Mientras voy pasando no se puede ver mi logro
  y si me paro en seco
para que me veas no soy yo, que apenas significo
  estatua en el presente.
No soy el momento. No soy un disparo.
  No puedo besar sin tiempo en la boca.
No soy un río todavía porque a mí no puedes verme
  el fin ahora. No
seré tampoco río en el futuro porque no conoceré
  principio propio.
Fui todo lo que ser supone cuando no es posible
  ser sin culto a un ciclo.

Mi memoria no es verdad y sin embargo vive,
  agarra lo que no importaba o sí

30

What you point at is important, if you point at it,
    it becomes present.
Thus the hierarchy. At the top the now, and at the base
    the forgotten.
Or perhaps at the top is what steams, and at the bottom
    the indelible, coconut palm.
I do not have what is above, and from below is what
    I do for no one, repeated.
I do not know and I do not understand who
    I will be without being what I wanted,
because not being what I am, I am more with myself
    than if, without myself, I am my name.

While I go along, my achievement cannot be seen,
    and if I stop short
so that you may see I am not me, I hardly signify
    a statue in the present.
I am not the moment. I am not a shot.
    I cannot kiss without time in my mouth.
I am not a river yet, because you cannot see
    my end at this point. I
will not be river more in the future, because
    I will not know my own beginning.
I have been everything that being comprises,
    when being is not possible without worshiping a cycle.

My memory is not truth and yet it lives,
    taking hold of what was not important, or was,

con las pinzas de un crustáceo sin catalogar y mezcla
   soledad con muchedumbre.
Fui tanto y soy tan poco que no sé si soy lo sido
   o lo por ser del cuerpo.
Fui tan poco y tanto soy que no me cabe el miedo
   de quedarme en el camino.
Seré lo que recuerde y no lo que he vivido
   como un vuelo cancelado.
Seré si seré lo que soy. Seré si seré lo que fui.
   Seré si seré no conmigo.

Escribo para entonces, para ahora, para aún,
   arcilla afónica
que ensucia y ha cantado sobre el cuenco de las lágrimas
   que bebe la sonrisa.
Yo era yo, yo soy tú, yo seré nosotros hasta que seré
   ellos desde atrás
y desde pronto olvidaré lo que eres tú sin mí delante
   de vosotros,
que ya no aceptaréis la maldición de la alopecia
   ni la doma de los dientes
que de marmita a marmita supieron si estamos muy poco
   y si mucho estaremos.

with the pincers of an uncatalogued crustacean, mixing
    solitude with the teeming throng.
I have been so much and I am so small that I do not know
    if I am the was or the what-will-be of the body.
I have been so little and I am so much that the fear
    of not finishing the journey does not fit in me.
I will be what I remember and not what I have lived
    like a canceled flight.
I will be if I will be what I am. I will be if I will be what I was.
    I will be if I will be not with myself.

I write for then, for now, for still
    —a tongue-cleaved clay
that stains and has sung about the bowl of tears
    drunk up by the smile.
I was myself, I am you, I will be us until I will be
    those from behind
and from early I will forget what you are without me
    in front of you all,
who already will not accept the curse of baldness
    or the taming of the teeth
that will last from cauldron to cauldron,
    if we are very little and if we will be much.

31

Soy mi deseo total, la suma de lo que quise, lo que quiero
    y lo que querré.
Mi recuerdo es mi deseo, mi actualidad es mi deseo,
    mi deseo mi programa
y justificación. No puedo soy sin fui. No puedo soy sin soy.
    No puedo soy
sin seré. Y todo mi ser es mi deseo en un instante
    apalabrado frente
al no era. Si quisiera liberarme de mi tiempo
    arriesgaría mi posible identidad
siempre acorralada por el no deseo.
    Existo porque existe lo que quiero y lo que fuera.

Antes prefería poseer a desear. Después preferiré
    desear a poseer. Ahora
deseo poseer y poseo desear sin preferencia.
    La cesta de la compra está
vacía y el mercado suspendido hasta que lleguen
    los camiones amarillos
y la madrugada ponga frío en las pestañas del cliente
    que hace cola
para no quedarse sin hogaza ni periódico
    con que poder renovar
el miedo al deseo de hoy que ayer permaneció deseado
    y mañana abastecido.

Sólo por desear se completa el deseo.
    No hay que trazar sino trazaré.

31

I am my total desire, the sum of what I wanted,
    what I want, and what I will want.
My memory is my desire, my present is my desire,
    my desire my program
and justification. I cannot I-am without I-was.
    I cannot I-am without I-am. I cannot I-am
without I-will-be. And all my being is my desire
    in a moment in agreement before
the I-was-not. If I wanted to free myself from my time,
    I would risk my possible identity
ever corralled by non-desire. I exist because there exists
    what I want and what I might have been.

Before, I preferred possessing to desiring.
    Later I will prefer desiring to possessing. Now
I desire possessing and I possess desiring
    without preference. The shopping cart is
empty and the market adjourned until
    the yellow trucks arrive
and the dawn sets cold on the eyelashes of the customer
    who stands in line
to get his loaf of bread or newspaper,
    with which he can renew
fear of today's desire, which yesterday stayed desired
    and tomorrow will be supplied.

Only through desiring is desire fulfilled.
    One need not trace but I will trace.

Las cosas están hechas, y el deseo ignora cómo llegaron
    a hacerse en ofensiva.
Deseo tener y deseo no tener, comprarme ropa
    para desnudarme con y sin vergüenza
de todo lo que no deseé ayer y mañana estará carcomido
    en el escaparate.
Se puede desear lo conseguido. Se puede no conseguir
    lo deseado, la fruta
regalada ayer tiene el mismo sabor que la no mordida
    hoy recolectada mañana.

El deseo lo llevo yo por dentro pero me vino de fuera,
    de otro dentro.
El deseo es lo deseado, como el recuerdo.
    Por eso nunca estoy solo,
ni lo estuve al final ni lo estaré al principio.
    Es imposible no vivir
por lo demás, por lo que no se alcanza pero se pide,
    por lo alcanzado
sin noticia, por lo que me falta y conozco
    desde la inauguración del clima.
Deseo lo mío, ya lo tenía entonces:
    cuando menos pude comprenderme.

Things are the way they are, and desire doesn't know
    how they came to be on the offensive.
I desire to have and I desire not to have, to buy clothes
    for undressing with and without shame
about all I did not desire yesterday and which tomorrow
    will be eaten away in the shop window.
One can desire what is achieved. One can fail to achieve
    what is desired, the fruit
gifted yesterday has the same flavor as that which,
    not bitten today, is gathered tomorrow.

Desire—I carry it within me but it came to me
    from without, from another within.
Desire is the desired, like recollection. For this reason
    I am never alone,
nor was I at the ending, nor will I be at the beginning.
    It is impossible not to live
for everything else, for what is not won but is asked for,
    for what is won
without announcement, for what I lack and I know
    since the climate's inauguration.
I desire mine, I had it already
    when I was less able to understand myself.

32

Aunque pase todo rápido nos quedaremos
    para siempre atornillados
a la sombra. Diferentes sucursales pero siempre
    el mismo préstamo.
Vive tú por ti y descubrirás después mi vida
    con recuerdos y sin duda,
y si lo que digo ya lo has dicho tú permite a mis pulmones
    que se estrenen;
porque los cuerpos repiten la respiración
    de otros cuerpos que vibran
antes donados, donantes más tarde
    en la misma cadena distinta del aire.

Lo que deseo fue diseñado por tu deseo.
    Lo que deseas no se sostiene
    sin mi instrucción.
Lanzo la bengala no para indicar dónde estuve
    sino qué deseas mío sin que te lo niegue.
Me debo a ti lo mismo que se pone aceite en la sartén
    o leche en la nevera
y tú me forjas jaulas y me enseñas a cazar el animal
    de fuera de mi cálculo.
Decir nosotros es injusto como cielo a las estrellas.
    Hemos visto
tanta luz que no sabemos distinguir si nuestro pacto
    nos reúne o si nos dobla.

32

Even if it all happens quickly, we will stay forever
    screwed into
the shadow. Different branches but ever
    the same loan.
Live for yourself and you will discover, later, my life
    with memories and without doubt,
and if what I say you have said already, let my lungs
    be used for the first time;
because our bodies repeat the breathing
    of other bodies vibrating and
donated before, donors coming later
    in the same distinctive chain of the air.

What I desire was designed by your desire.
    What you desire does not sustain itself
    without my instruction.
I send up the flare not to show where I was
    but that what you desire is mine, and I do not deny you.
I owe you just the same as oil going into the pan
    or milk into the fridge,
and you forge my cages and you teach me to hunt
    the animal outside my calculations.
Saying we is unjust, like saying heaven for the stars.
    We have seen
so much light that we don't know how to tell if our pact
    unites us or doubles us.

Lo que deseas lo necesito no como trámite
    ni como crédito sino en el acto.
Lo que deseo no lo comprendes hasta que puede darte
    alimento sin dejar cáscara.
Te dedicas a mi instante, lo humedeces con tu catarata
    de diamantes negros
y yo cortejo tu futuro cuando ofrezco mi pasado
    como norma de placer incomprendido.
Han bajado las persianas del estudio que vendimos
    por un céntimo de polvo.
Dormirán mientras dure lo nuestro tan otro
    y nos culpen en comisaría.

El infierno es lo que nunca he deseado y tú conoces
    como mío pero en almacén.
Lo que nunca has deseado es mi glaciar
    y no comprendo el agua que no corre
si no es el hielo en el que cuaja lo llorado por tus ojos
    en mi lucha.
El infierno es lo que no podría recordar y lo que no verás
    escrito en mi resumen.
Este es mi escarmiento: no ser tú de tanto
    que lo he sido y que no puedas
quedarte en mí y pensar en qué serás y qué recordarás
    del sueño que lo aclara.

What you desire—I need it not as procedure
    or as credit but in the act.
What I desire—you do not understand it until it can
    feed you, shell and all.
You are devoted to my moment, you moisten it
    with your waterfall of black diamonds,
and I—I court your future when I offer you my past
    as a rule of pleasure misunderstood.
The shutters in our studio apartment are lowered,
    we sold it for a penny of dust.
They will sleep while ours, so other, endures,
    and accuse us in the police station.

Hell is what I have never desired and what you recognize
    as mine but in a warehouse.
What you have never desired is my glazier,
    and I don't understand unrunning water
unless it is the ice that congeals what is wept by your eyes
    in my fight.
Hell is what I would not be able to recall
    and what you won't see written on my summary.
This is my punishment: not to be you, inasmuch as
    I have been you, and that you cannot
stay inside me and think about what you will be
    and your memory of the dream that clarifies it.

33

Me asusta lo que viene porque no sabré si lo deseo
    sino cuando sea
demasiado tarde y tenga que olvidar colores
    que importaban encendidos.
Un poco de pintura blanca borra errores
    pero deja atónito al recuerdo
e inútil al pincel capaz de restañar la herida
    que prefiere poda en vez de apéndice.
No somos importantes, nos lo hace lo que deseamos
    en la oscuridad,
el zafiro que robamos del museo que albergaba
    nuestra momia.

Lo que quiero sin querer tener es surtidor
    en que reposta mi alta identidad.
Todos los días son esporádicos y acuñan balas
    para el asedio contra mañana
que planifico desde el sótano en que ayer la munición
    quedó obsoleta.
Lo que no quiero teniendo llegará muy tarde
    a ser lejía para mi bañera.
Ningún ayer merece indulto sin hacer mejoras en el ático
    en que baila
una pareja de amantes que no conocieron el ritmo
    acorchado de todo el mañana.

Que quepa todo o quede fuera todo no depende
    de una sola tarde al sol.

33

I am scared of what is coming because I will not know
    if I desire it until
it is too late and necessary to forget colors
    that are important when ignited.
A little white paint erases mistakes but leaves
    the memory astonished
and the paintbrush useless for staunching the wound
    that prefers pruning to appendix.
We are not important—what makes us so is what
    we desire in the dark,
the sapphire we stole from the museum that housed
    our mummy.

What I want without wanting to have is a spurt
    in which my high identity refuels.
All the days are sporadic and mint bullets
    for the siege against tomorrow,
which I am planning from the basement where,
    yesterday, the munition turned obsolete.
What I do not want, having it, will much later
    become lye for my bathtub.
No yesterday deserves pardon without improvements
    in the attic where a pair
of lovers are dancing who did not know
    the spongy rhythm of all tomorrow.

That it all fits or stays outside does not depend
    on a single sunny afternoon.

El recuerdo no es alivio sino posibilidad frustrada.
    Toda mi memoria
pudo ser el preludio de un toque de queda abolido
    por la libertad.
El tiempo es el pasado, el no venido vida y el de ahora
    un barrendero
que trabaja en la ciudad bombardeada y victoriosa
    en sus escombros.
Me cabe todo en cajas pero no las necesito
    sino para calcular lo que he ganado.

No pido nada que no quiera darme una tregua
    de azar para tanto que falta.
Lo que me viene lo busco entre cosas que nunca cupieron
    en grandes bolsillos.
Lo que me vino no permanece más que lo justo
    sobre los dedos que lo recuerdan.
Lo que vendrá es polución del deseo y saber que si dura
    es semilla al revés.
Podría renunciar y sí renunciaría si pudiera ver detrás
    del artilugio
que poco ordena y mucho destituye
    porque nadie escucha sangre propia en pulso ajeno.

Recollection is not relief but possibility, frustrated.
    All my memory
could have been the prelude to a curfew abolished
    in the name of liberty.
Time is the past, what has not come is life, and the now
    a street-sweeper
working in the city bombarded and victorious
    in its rubble.
Everything fits me in boxes, but I don't need
    them except for calculating what I have won.

I ask for nothing that did not want to give me a random
    truce for so much lacking.
What comes to me I seek among things that never fit
    into big pockets.
What came to me does not stay longer than is just
    upon the fingers that recall it.
What will come is desire's pollution and the knowledge
    that what lasts is a seed turned upside down.
I could renounce, and I would indeed renounce,
    if I could see behind the device
that arranges little and dismisses much,
    because no one hears his own blood in another's pulse.

34

Recordar por elección es traicionar al dios
    que me menciona
y que me envidia porque sigo hablando de las cosas
    que no importa
olvidar y porque no recuerdo lo que se supone
    que debía ser mi asignación,
mi parte en el alijo, mi desprecio por las horas
    insignificantes, mi desdicha.
He elegido ser feliz al elegir dejar pasar lo que soy yo
    con la linterna.
Es el centro el punto más cercano a lo inexacto de mi vida
    en las afueras.

Olvidar por elección es recordar lo que estará prohibido
y recordar con prohibición será olvidar la esclavitud
    que nunca fue obligada.
Ayer corría el riesgo de quedar sin rebelión.
    Mañana habré afrentado al líder.
Hoy se quema la zarza de todos los días y se desoxida
    la atroz herramienta
que desactiva deseo y recuerdo y me deja tiznado
    en mitad del presente.
Este tiempo es un niño con sombra de dios que me pide
    un juguete y paciencia.

    Ayer es mañana incompleto. Mañana es ayer desbordado.
        Hoy no existió.
    Hoy no existirá. Hoy es estar sólo con suelo y sin piernas.

34

To recall by choice is to betray the god
    that mentions me
and envies me because I keep talking about things
    it's unimportant
to forget—and because I don't recall what one assumes
    was owed for my allowance,
my part in the contraband, my scorn for
    the meaningless hours, my sorrow.
I chose to be happy by choosing to let pass what I am
    with the lantern.
It is the center, the point closest to the inexactness
    of my life on the outskirts.

To forget by choice is to recall what will be prohibited
and to recall with prohibition will be to forget the slavery
    that was never coerced.
Yesterday I ran the risk of staying unrebellious.
    Tomorrow I will offend the leader.
Today the brambles of all days are burning,
    and descaled is the atrocious tool
that deactivates desire and recall and leaves me grimy
    in the middle of the present.
This moment is a child with a godlike shadow
    who asked me for a toy and patience.

Yesterday is tomorrow incomplete. Tomorrow
    is yesterday overflowed. Today did not exist.
Today will not exist. Today is being alone, grounded,

Hoy es yo sin soy.
Por eso un dios me ha puesto en medio de la muerte
   y no me escapo.
Sé que mis células vienen de atrás y que irán a después
   y que entonces
se habrá renovado el deseo que hubiera buscado
   el recuerdo y se enamorarían
para anunciarme que estoy en mitad de la vida
   y al filo del sueño.

Mañana es yo con quiero. Ayer es yo con tuve.
   Está en mis yemas lo que busco
pero no lo reconozco. Está en mis uñas lo que quise
   pero no lo identifico.
Está en mis dedos ese dios que viaja desterrado
   por mi tiempo pero
no me sabe distinguir de su designio y no comprende
   que soy otro
si me niega y soy tenaz si lo prohíbe
   y vuelvo a las andadas
por el carácter que sólo podría anularme un principio
   total y su llanto.

    legless. Today is I without I-am.
For this a god put me in the midst of death,
    and I am not trying to escape.
I know that my cells come from before and they will go
    to after, and then
the desire that memory had sought will be renewed,
    and they would fall in love
to announce to me that I am halfway through life
    and at the edge of the dream.

Tomorrow is I with I-want. Yesterday is I with I-had.
    At my fingertips is what I seek,
but I do not recognize it. On my nails is what I sought,
    but I do not identify it.
In my fingers is the god that journeys exiled through
    my time but doesn't know
how to tell me apart from his design, doesn't understand
    that I am other
if he denies me, and I am tenacious if he forbids it
    and I backslide
to the only character that will be able to annul
    my total principle and its weeping.

35

He llegado tarde a todo. Lo que quise estaba roto,
  lo que quiero
se acaba en mi deseo y lo que no querré me ensuciará
  la boca.
Mi esperanza es lo que sí querría porque ya no va a pasar.
  Es dura
mi esperanza bajo el ácido del clima boreal que acosa
  a su esqueleto.
Mi esperanza es mi final, es mi principio mi esperanza.
  Duele y da
calor que no pasara lo que quise porque todavía insiste
  en mi esperanza.

He llegado demasiado pronto. Nadie me conoce
  y nadie lo comprende.
No enseño nada y desconfío si me enseñan
  lo que debo desear ahora
porque no hay deseo de presente sino de pasado
  o de futuro y hasta un niño
tiene todo su pasado que le pica y hasta un muerto
  tiene todo
su futuro intacto y el deseo existe sin objeto ni motor
  ni trayectoria:
es deseo de deseo, lencería de uno mismo,
  y el presente es su gimnasio.

Voy por donde no ha ido nadie
  que temiera estar perdido.

35

I have arrived late to everything. What I wanted
    was broken, what I want
comes to an end in my desire, and what I will not want
    will stain my mouth.
My hope is what I would want indeed, because already
    it will not happen. It is hard,
my hope, beneath the acid of the boreal climate
    that bullies its skeleton.
My hope is my end, it is my beginning, my hope.
    It hurts and it
warms that what I wanted did not happen, because it still
    insists on my hope.

I have arrived too early. No one knows me
    and no one understands it.
I teach nothing and am suspicious if people teach me
    what I must desire now,
because there is no desire for the present, only for past
    or future, and even a child
has a whole history that stings, and even a dead man
    has his whole
future intact, and desire exists without objective,
    neither engine nor trajectory:
it is desire for desire, lingerie for oneself,
    and the present is its gymnasium.

I am going where no one has gone
    who was afraid of being lost.

Ni exhibo ni escondo: confirmo que faltan palabras
    abiertas con todo el deseo.
Es amor la manera que muestro de obviar lo que es mío
    por lo que será
un retraso en las manos vacías o un premio
    en las manos repletas.
Espero una esperanza perecida y sin embargo
    sé que es tiempo de ventaja
porque sin buscar encontraré lo que perdí
    y sin encontrar busqué lo que tendré domado.

Por donde pasa mi esperanza no ha pasado más deseo
    que el de un dios
sin cita previa con el tiempo, irrepetible en su carencia
    de costumbre.
Todos los días soy yo, los que fueron y son y serán
    con mi duda o sin ella.
Un compendio es una falta de respeto
    y un olvido artificial de lo otro y lo demás.
Mi historia quiere ser la historia de la ausencia
    y la presencia y mi esperanza
una esperanza en que todo cabrá porque cupo
    y no cabe del todo en mi cuerpo.

I neither exhibit nor exclude: I affirm a lack of words
    open with all desire.
Love is the way of showing how to avoid what is mine
    for what will be
a delay in hands that are empty or a prize
    in hands that are full.
I hope for a perished hope and yet
    I know the time is advantageous,
because without seeking I will find what I lost,
    and without finding I sought what I will have tamed.

Where my hope happens there has not happened
    more desire than that of a god
without an appointment with time, unrepeatable
    in its lack of custom.
Every day I am myself, the days that were and are
    and will be with or without my doubt.
A compendium is a lack of respect
    and an artificial forgetting of the other and the rest.
My story wants to be the history of absence
    and presence, and my hope
a hope in which all will fit because it did fit
    and does not fit at all in my body.

36

Lo que recuerdo no importa lo mismo
    que lo que podría olvidar
si lo hubiera aprendido. Deshueso el pasado y lo salo
    con mucho deseo.
No recuerdo lo que he sido porque ya no soy
    lo que conozco con desgana.
Enunciar es egoísmo, recordar es presunción
    y lo que digo me condena.
Me voy quedando duro, me apelmaza
    la maldita puntería contra
mañana. No supe dejar para el tiempo la pena de hablar
    en futuro.

Para ser tan libre no se puede obviar lo que pasó
    y se olvida.
El azúcar sabe a sal y sé que fueron los caballos:
    dura tanto el paladar.
No me queda mucho, sólo un ritmo que me acucia
    y no me deja respirar encadenado.
No puedo comprender lo que he perdido
    pero sé soñarlo inmerecidamente.
Lo que gano es más pesado porque no tendré
    su consecuencia y lo que va a
caber después está contado con la boca que mastica
    carne de su carne.

Muerdo la cuerda del orden que urdió la ortopedia
    en mi pierna cortada

36

What I remember is not as important as what
    I would be able to forget
if only I had learned it. I debone the past and salt
    it generously with desire.
I do not remember what I have been because
    I am already not what I know with reluctance.
To utter is egoism, to remember is presumption,
    and what I say condemns me.
I am growing harder, caking over with the cursed
    marksmanship against
tomorrow. I didn't know how to leave up to time
    the pain of speaking in the future.

To be so free, one cannot avoid what happened
    and is forgotten.
Sugar tastes of salt, and I know there were horses:
    such is the hardness of the palate.
Not much remains for me, just a rhythm that drives me
    and doesn't let me breathe in chains.
I cannot understand what I have lost
    but I know how to dream about it undeservedly.
What I gain is heavier because I will not have
    its consequence, and what is going
to fit, later, is recounted by the mouth that chews
    the flesh of its flesh.

I bite the tight rope of order that orthopedics
    warped into my severed leg,

para recordar que no se cura ayer con hoy,
    que miente lo que veo
porque olvida que el mañana duro es necesario
    para no desactivar su telescopio.
Lo real será lo que no supe. Lo real sería
    lo que queda por hacerme.
Extraño lo que no desaparecerá porque eso soy la noche
    que precede a la renuncia.
Ni me quitaron lo que tendré ni olvidaré
    que lo intentaron.

El tiempo poda al tiempo la maleza y cada vez
    es más superfluo
el regadío en un campo que da y que dará la cosecha
    que dio
sin sed, con ganas de llegar a la ciudad hambrienta
    de futuro.
El amor compró el jabón. Lavé. Quedó por aclarar
    la espuma dura y sucia.
Todo lo quise enjuagar con mis manos y todo me dio
    una paliza.
Mi limpieza morirá conmigo. Pero el tiempo acata
    ya la higiene que le impuse.

to remember that yesterday isn't healed with today,
    that what I see tells lies
because it forgets that hard tomorrow is necessary
    for not deactivating its telescope.
The real will be what I did not know. The real would be
    what remains for making me.
I miss what will not disappear because I am this, the night
    that precedes renunciation.
They didn't take from me what I will have,
    nor will I forget that they tried to.

Time prunes weeds from time, and at every moment,
    even more superfluous is
the irrigation in a field that gives and will give the harvest
    that gave
without thirst, wanting to reach the city that is hungry
    for the future.
Love bought soap. I washed. The final step was to rinse
    off the foam, hard and dirty.
I tried to dilute it by hand, and all that got me
    was a beating.
My cleanliness will die with me. But time abides
    already the hygiene I imposed.

37

¿Qué soy si no seré ni fui? No tengo miedo
    de mi propia carne
ni de que vaya a corromperse tarde ni
    de que fuera a contenerme pronto.
Todo tuvo consecuencia porque nada la tendrá
    después de la justicia
que llega a los huesos calientes y fríos de ayer
    y mañana y avanza
hoy porque viene de todo y dirige sus pasos a todo
    y así todavía
se queda sin llegar. Vivir es no saber marcharse
    pero hacerlo.

Hay que hacerlo todo siempre como nunca
    si se quiere todo como nunca para siempre
y nada siempre se perdía y todo nunca bastará
    si no se desarregla el tiempo.
Lo que me falta sucede en el mismo momento
    que lo que me gusta perder
para saber que lo tuve y entonces es mío
    después de mañana y será
lo que encuentre sin tenerlo porque al no tenerlo
    encontraré lo que quería
que faltase por hacer en mi deseo de quedarme a solas
    con lo que comprendo.

Quise hacerlo todo pero no era yo.
    Por eso no renunciaré a no fui

37

What am I, if I will not be and I was not? I am not afraid
    of my own flesh
or afraid that it is going to rot late
    or that it was going to contain me soon.
Everything had consequence because nothing will have it
    after the justice
that reaches the heated, frozen bones of yesterday
    and tomorrow and advances
today, because it comes from all and guides its steps to all
    and thus even still
it stays without arriving. To live is not to know how
    to leave, but to do it.

One must do it all each time as never before,
    if one wants all as never before, forever,
and nothing was lost forever and all will never be enough,
    if time is not disrupted.
What I lack happens in the same moment
    as what it pleases me to lose,
so that I know that I had it, and so it is mine
    after tomorrow and will be
what I find without having, because in not having it
    I will find what I wanted,
wanting it to be undone in my desire to be alone
    with what I understand.

I sought to do it all but I was not me.
    That's why I won't renounce what I was not

y habitaré el seré que soy haciendo
  sólo lo posible ayer.
Quiero hacerlo todo pero no soy otro cuando lucho
  contra casi
nada que será y por tanto no se acerca en serio
  ni se aleja en balde.
Querré dormir con prisa y despertar tan tarde
  que seré tan sólo yo
quien quede sin quedarse y sin quien nada
  habría resistido por hacerse.

Lo encuentro todo ahora y alguien lo recordará
  pues otro lo desdijo.
Lo de ayer importa siempre hoy sin que mañana
  se pronuncie a voces
pero mañana será para hoy la ballena que abusa
  del plancton ayer
para dejar el océano seco hasta el límite y fértil de nuevo
  al principio.
Lo que se diga es pasado. Lo que se dijo es futuro.
  Hoy se diría si fuera
verdad que nunca falta, que no se desordena,
  que al fin empieza todo.

and will inhabit the I-will-be that I am, doing
    only the possible yesterday.
I want to do it all but I am not other when
    I struggle against nearly
nothing that will be and thus does not truly
    come close or distance itself in vain.
I will want to sleep in a hurry and wake up so late
    that, all alone, I will be
the one who stays without staying, without whom nothing
    could resist being done.

I find it all now, and someone will remember it,
    since another denied it.
What happened yesterday is always important today,
    without tomorrow speaking itself out loud,
but tomorrow will be, for today, the whale
    that overdoses on plankton yesterday,
to make the ocean as dry as possible and newly
    fertile at the beginning.
What may be said is past. What was said is the future.
    Today would be said, if there were
truth that never fails, that cannot be disordered,
    that starts everything in the end.

38

Hice lo que no seré y seré lo que no hice cuando dudo
 que me sobre justificación.
Soy lo que fui y lo que no. Soy lo que seré y lo que jamás.
 Estrecho y esparcido,
alerta en el bostezo y descuidado hasta el escrúpulo.
 Si faltan cosas
es porque existen, en mí, de mí, sin mí, conmigo
 y afuera y ajenas: así
como son o no son, en su música o en su mudez
 o en las mías que pagan
o cobran salario. No hay otra nación que subsista
 con menos impuestos.

Con callarme ya lo perdería todo. No me quedo yo,
 se quedarían
las cosas que quise si no las tendré y las que tengo
 adheridas al hábito.
No hago nada ahora para hacerlo todo en el futuro
 del pasado
en que nada llevaba mi nombre y mi nombre
 será la asamblea y el puente.
Lo que quede por hacer será el pasado del culpable
 y fue el futuro
del que espera en mitad de la calle a que pase
 desnuda su vida.

No existe el tiempo sino como cárcel libre y nunca
 como libertad según la norma.

38

I did what I will not be, and I will be what I did not do,
    when I doubt that I have justification.
I am what I was and was not. I am what I will be
    and never be. Narrow and scattered,
alert while yawning, careless to the point of scruple.
If things are lacking
it is because they exist, in me, of me, without me, with me
    and outside and alien: thus
as they are or are not, in their music or their muteness
    or in those of mine that pay
or receive a salary. There is no other nation that subsists
    on lower taxes.

In quieting myself I would lose it all already. I do not stay,
    but there would stay
the things I wanted, if I will not have them
    —and those I have, stuck to habit.
I do nothing now, in order to do it all in the future
    of the past,
when nothing carried my name, and my name will be the
    council and the bridge.
What remains for doing will be the past of the culprit and
    was the future
of the one who waits in the middle of the street on which,
    naked, passes his life.

Time does not exist except as a free prison, never
    as freedom following the rule.

Todo pasa en el momento en que podría no pasar
   y ser un fin, su cepo.
No es posible congelar el río sin morir de sed
   y renunciar a lo pescado
ni se comprende lo blando en lo duro
   y lo duro que toca el tambor de la tribu.
El tiempo es ser constantemente prisionero
   para ser constantemente liberado.
El más miserable gusano aprendió que se nada a favor
   porque en contra es muy fácil.

Lo que importa hoy importa porque ayer no obtuve
   mayoría en el congreso
mientras que importe mañana depende de lo que soñaba
   y no encuentro en mi agenda.
Todo se parece a todo visto desde arriba
   y desde abajo nada se parece a nada.
Por eso mi futuro vive arriba y mi pasado muere abajo
   y lo que busco
lo tengo si lo pierdo arriba y si lo encuentro abajo
   no lo reconoceré.
Aparece la perplejidad y no elijo mi plan por la altura
   el tiempo.

Everything happens in the moment in which it could not
    happen and be an ending, its bear trap.
One cannot freeze the river without dying of thirst
    and giving up what has been fished,
nor is the bland understood in the hard
    and the hard that plays the tribe's tambourine.
Time is being constantly imprisoned
    in order to be constantly freed.
The most wretched worm learned to swim
    with the current, because against is very easy.

What is important today is because yesterday
    I did not obtain a majority in congress,
while its importance tomorrow depends on what I dreamt
    and do not find in my planner.
Everything looks like everything from above,
    and from below nothing looks like nothing.
That's why my future lives above and my past dies below,
    and what I seek
I have if I lose it above, and if I find it below
    I will not recognize it.
Perplexity appears, and I do not choose my plan
    according to the height of time.

39

Contar no termina. Contar es creer lo contado
    y cantar es crear lo pasado.
El futuro va de boca en boca en el presente
    y mano a mano en el pasado.
Ser es propagarse y propagarse no pasar del todo
    por pasado.
Ser es venir del futuro pasado y salir del pasado futuro.
    Ser
es contar con el canto las cosas que quedan,
    las cosas comunes en ser
todas las cosas que pasan o no porque todas existen
    de siempre y se escuchan al ser.

En todas direcciones hay un edificio a medio construir
    y su cloaca.
Elijo lo que ya pasó y no pasará sin hambre pues lo tengo
    en el recuerdo y lo deseo
y la mezcla del recuerdo y el deseo me describe vivo
    y no discutirá mi muerte.
El tiempo significa la combinación de todos los caminos
    diseñados
para y por mi pie, cansado dulcemente de futuro
    y de pasado
en este hotel presente que aminora el titubeo
    y acelera la esperanza.

La vida no es la bala, ni el revólver, ni la mano
    que lo carga, ni su blanco.

39

Storytelling never stops. Storytelling is believing
    what is told, and singing is creating what is past.
The future goes from mouth to mouth in the present
    and hand in hand in the past.
To be is to propagate oneself, and to propagate oneself,
    not to pass wholly past.
To be is to come from the past future and
    to depart from the future past. To be
is to tell, in song, the things that stay,
    the things ordinary in being
all the things that pass or not, because all exist
    since the beginning and are heard in being.

In every direction is a halfway-finished building
    and its sewer.
I choose what happened already and will not happen
    without hunger, since I have it in memory and I desire it
and the mixture of memory and desire describes me
    living and will not discuss my death.
Time signifies the combination of all the roads
    designed
for and by my feet, sweetly tired of future
    and past
in this present hotel that slows down hesitation
    and speeds up hope.

Life is not the bullet, nor the revolver, nor the hand
    that loads it, nor its target.

La vida es el disparo estrepitoso, la pronunciación
    de todas las palabras
a la vez que ayer, mañana y hoy, sin que el deseo
    acalle la memoria
ni la memoria silencie el deseo. Saber lo que sirve
    es vivir y saber
que no sirvió es morir y no saber si servirá
    pero empuñarlo es ir
llegando por la misma puerta que nos abre la imaginación
    para marcharnos.

Marcharnos. Marcharme. Marchar. Mar.
    Mi nombre es un grafiti escrito en una oveja,
una piedra en el fango, unos huesos ocultos,
    la estrella que brilla y no existe
más que en el pasado y el futuro de un presente
    en que no soy mi propia negación,
un presente que por serlo ya contiene todo y lo demás,
    la voz que no se cansa.
La verdad es la suma del tiempo y no importa
    si oímos un número abierto y parcial:
no estuvimos, estábamos, somos, seremos,
    no habrá quien se calle la vida en la muerte.

Life is the noisy shot, the utterance
    of all the words
at once, yesterday, tomorrow, and today, without desire
        quieting memory
or memory silencing desire. To know what is useful
    is to live, and to know
that it was useless is to die, and not to know if it will be
    useful but to brandish it is to start
arriving by the same door that imagination
    opened for us so we may depart.

Departing: us. Departing: me. Deep parting, the sea.
    My name is graffiti on a sheep,
a rock in the mud, some hidden bones,
    the star that shines and exists no
longer but in the past and the future of a present
    in which I am not my own negation,
a present which, by being it, already contains everything
    and everything else, the voice that does not tire.
Truth is time's sum, and it is not important
    if we hear a number open and partial:
we were not, we were, we are, we will be,
    there will be no one who quiets life in death.

40

Soy con mi memoria el hardware y lo que me pasa
    es software.
La eternidad sucede: es el pasado, la sutil carpintería
cotidiana y calcinada. Es difícil por igual volver
    al día de ayer
que al día de hace dos mil años.
    Ayer me cepillé los dientes,
ayer asesinaron al dictador romano,
    ayer estalló el cosmos
y dejó un boquete, un reptil, unos huesos, las horas

que acaban en coágulo. Hay una laca,
    un barniz testicular e invulnerable
que recubre la nervadura de lo que pasa
    y la fija en crónicas.
Hay una tintorería donde se lavan relojes a espaldas
    del detective
y una farmacia donde se vende jarabe para la garganta
    de arlequines
que por una limosna atrapan el color del tiempo
    en su rombo sagrado.
Ni siquiera un dentista podría acuñar una bola
    no contada para el ábaco implacable.

Soy sin memoria una prueba de embarazo negativa:
    lo que me pasa
deja de ser eternidad y se convierte en presente,
    en este rinoceronte

40

With my memory I am the hardware, and what happens
    to me is software.
Eternity happens: it is the past, the subtle carpentry,
quotidian and scorched. The difficulty of returning
    to yesterday is the same
as returning to two thousand years ago.
    Yesterday I brushed my teeth,
yesterday they killed the Roman dictator,
    yesterday the cosmos exploded
and left a hole, a reptile, some bones, the hours

that end up coagulated. There is a lacquer,
    an invulnerable and testicular varnish
that coats the spinal column of what passes
    and fixes it in chronicles.
There is a dry cleaner's where they wash clocks behind
    a detective's back
and a pharmacy where they sell syrup for the throats
    of harlequins,
who for a hand-out capture the color of time
    in their sacred rhombus.
Not even a dentist could mint a ball
    not counted by the implacable abacus.

Without memory I am a negative pregnancy test:
    what happens to me
stops being eternity and turns into the present,
    into this rhinoceros

que irrumpe en el recinto congelado y contamina
   la cisterna vigilada por la fecha.
Salta la alarma y se provoca el aguijón preciso,
   la picadura del momento
que alerta de que todo podría ser pasajero
   si la vida continuase,
si la metamorfosis de lo vivo en lo infecto
   y de lo infecto en lo sanado

fuera norma sin regla, instrucción sin mandato,
   consejo aceptado y por acatar.
Basta. He prolongado más de la cuenta el ritmo
   de mi boca y mi tam-tam.
La policía me busca y ya tienen preparada la jeringa
   de espuma dulce
por si acaso yo no accediera ni a quitarme el antifaz
   ni a firmar mi testimonio.
Soy, con memoria o sin ella, una caravana
   por la ruta incierta del hechicero,
posible sólo porque hay alguien que pronunciará
   del todo el nombre comprendido.

that breaks into the frozen enclosure and poisons
    the cistern watched over by the date.
The alarm is raised and the precise sting provoked,
    the pricking of the moment
that warns that it all could be temporary
    if life continues,
if the metamorphosis of the living into the infected,
    and the infected into the healed,

were a norm without rule, instruction without command,
    advice accepted and not followed.
Enough. I have prolonged past count the rhythm
    of my mouth and my tom-tom.
The police are seeking me and have already prepared
    the syringe of sweet foam
just in case I do not give in to removing my mask
    or to signing my statement.
With or without memory, I am a caravan
    along the uncertain route of the wizard,
possible only because there is someone who will utter
    the name entire—and understand it.

CONTENTS

1	10
2	14
3	16
4	18
5	22
6	26
7	30
8	34
9	36
10	40
11	44
12	48
13	52
14	54
15	56
16	60
17	64
18	68
19	72
20	74
21	78
22	82
23	86
24	90
25	94
26	98
27	102
28	106

29	110
30	114
31	118
32	122
33	126
34	130
35	134
36	138
37	142
38	146
39	150
40	154